無限投資學

Infinity Investing:

How The Rich Get Richer And How You Can Do The Same

托比・馬帝斯 Toby Mathis——著
呂佩憶——譯

好評推薦

財務自由並非人生終點，而是另一個起點。做好投資不是改變財富的關鍵，而是最後一哩路。改變財富最困難的並不是知識，而是改變價值觀以及保持行動。本書帶你認識自己財務上所處的階段，以及其中需要注意的關鍵。預祝你有所收穫！

——**Mr.Market 市場先生／財經作家**

投資永遠伴隨著風險，這本書明確的告訴我們，投資不能仰賴任何人，唯有你自己要為投資成敗負責。

——**朱楚文／財經主持人、作家**

無限投資是一種計算與規畫，以一個長期觀點做出決策，而非短期的享樂讓財富悄悄流失。本書作者提供了正確的財商知識，讓你的收入大於支出，創造正向循環的現金流成長，並帶讀者辨別股市風險，掌握投資工具，打造無限收入的資產組合。

——**財女 Jenny／JC 財經觀點創辦人**

資產，是能夠為個人或企業帶來收益的資源。反之，負債使得未來必須犧牲經濟利益。本書作者以自身稅務律師的實務經驗，分享如何正確的辨識資產並累積資產，更提及了一般投資人常忽略的投資稅務考量。畢竟，良好投資績效輔以適當稅務規畫的「稅後報酬」，才是進到口袋裡的真實報酬！

——**鄭惠方／惠譽會計師事務所主持會計師、「艾蜜莉會計師的異想世界」版主**

在當前新興科技股與虛擬貨幣的風靡時代中，本書是少數傳授投資心理與資產配置的鉅作。

投資其實就是心理素質遊戲，一旦心態對了，學任何投資都能既快又好。作者身為稅務律師，親眼目睹許多有錢人的投資與對於錢的觀念。他先讓你了解致富心態，幫你換顆有錢人的腦袋。再教你實務該怎麼一步步達成目標。

由衷推薦這本書，掌握三招：如何消弭富人與窮人的距離？如何獲得人生自由？有錢人都如何成為股市包租公？招招實例好懂秒懂。你將變得和有錢人一樣，懂得使用創造永久財富的工具。

——追日 Gucci／「投資美股，享受生活」創辦人

推薦序

Kurt Lin／美好金融內容總監

到底每個人是否都能夠變得富裕？是否學習了致富的方法，都可以變得財務自由？

相信在書店拿起這本書的你，開始對金錢產生好奇的你，心中都有這些問題。在回答這些問題之前，我們可以想想什麼是富裕、什麼是財務自由。

富裕與財務自由

富裕是相對的，年收入七萬美金（三百多萬台幣），在台灣屬於高收入，在瑞士屬於低於平均，在阿富汗可算是富翁級別。財務自由呢？有人每月只需要五萬元便可過得滿足，有人三十萬元也覺得不夠而感到壓力。自由的感覺反而比較主觀，因各人的需求而異；但客觀一點去看，財務自由應該是一個人不需要因為錢財和金流的變化，而影響生活上選擇的自由。這樣看來，一個人的目標、志向會大大影響能夠保持「自由」感覺的「財務」狀況。

也許這裡寫得抽象了一點。簡單來說，一個沒有目標要達成的人，其實不需要金融工具。

近兩年期間，聽到討論最多的話題不是疫情，就是「錢」。不論是股市的大幅波動、某些股票讓人致富、還是加密貨幣和NFT大漲百倍的故事，人們談錢，自然不是因為錢本身有何吸引，而是錢財能為人提供選擇的自由和可能性，讓人神魂顛倒。

為何大部分人都財務不自由？

當大家都在追求財務自由，也意味著很多人財務不太自由。能在有電、有水、有冷暖氣的書店／家中閱讀這本書，拿起這本書去思考財務問題，其實你已經比世界上大部分人富裕得多了。但為何還是感到不太自由呢？也許是我們想要的更多，有很多目標想達成，但都需要錢和財務規畫。

有了這個不自由的感覺，其實是個好開始，因為你有所目標想要達成。也許我們要的並不是鴻圖大計，不過是每年跟家人去兩趟旅行，或每月多一點零用錢學一些興趣活動。所有目標也需要一些錢和財務規畫。活在資本主義社會，錢是一種量化工具，也是一種語言，我們從小到大會學中文、英文、日文和各種語文，卻沒有學資本主義的語文，真的有點奇怪。試想活在英國而不說英文，活在台灣而不說中文，自由度自然有限。在資本主義社會生活而不會財務管理，自由也會大大受限。

學習金錢的語言

既然金錢是一種語言，就如所有語言一樣，都是可學可用的。而學語言，大致可分為兩種方式：一是環境培育，另一種是系統性學習。除非你從小長大於一個會「談金錢」的家庭，或許是一個從商或從事金融行業的環境，不然大多數人都需要像學外語一樣，需要系統性學習財務操作。只要是系統性學習，就需要違反人性、談理性。理性是辛苦的，是不舒服的，但好消息是，只要我們願意學，願意投放時間，都是可以學得來的。

作者清楚表明這並非讓人一夕致富的書，而是一本有系統性的帶著你去理解財務和慢慢致富的書。有些內容也許有點枯燥，但學習外語總不會每刻都是有趣生動的，必經歷學習語法和硬背單字的乏味過程。我也不相信一個想要達到財務自由的人，只能靠讀一本書而腦洞全開；要達到財務自由是一段過程，也許是五到十年，也許是二十年，這個過程包括學習、實踐、檢討、再學習和再嘗試。這本書很適合剛起步的人，先新增一些觀念、概念、詞彙、錯誤迷思、實踐例子……有了這些在腦海中，才能更深入去學習金錢的語言。

能夠仿效的成功

讀這本書，我不斷想到：美國之所以為美國，成為世界產值第一的富裕國家，需要感謝一代又一代的作家、創業家、發明家和內容創作的專家，把成功與失敗的方法論和故事傳承、推廣。他們苦心研究「如何成功」之餘，同時也不遺餘力分享成功的方法，把成功變成料理食譜一樣，將配料、原則、心得、思維、步驟公諸於世，讓更多人仿效、學習、複製。一個社會能分享多少成功的方法，便決定了一起成長的速度。

這也是為何很多人都覺得創業應該去美國，因為當地（特別是西岸）的氣氛，大家都在談如何成功、如何降低失敗、如何挑戰世界難題；相似的，論投資也必會提到紐約和美國市場，畢竟紐約就是世界三大金融中心之一，很多的近代金融規則、工具、文化都源自那邊，自然而然，他們所發展出的產品也比較多元和成熟。

美國的金融市場和創投市場，都是全球最活躍的，也代表交易量、產品選項、入場門檻都比全世界的市場更先進。用一個貼身的例子，在台灣買股的基礎單位是一張，一張等於一千股，但美國就可以一股一股去買，也代表美國每一檔股票的入場門檻可以比較低。就像你進一家超市買面紙，不需要一大包八捲同時買，卻可以一捲一捲分開買，如此一來更能配合用紙的習慣調整。

除了個股，在美國市場能夠做的產品也很完備，不論是選擇權、ETF、反向ETF、REITs、股票期貨、外匯——在市面上流通的各種工具，幾乎讓人人可以成為一位基金經理人。投入這個市場前，可以問問自己有沒有足夠的知識、時間、能力去操盤，很多在家裡當操盤人的當沖客常常忘記，時間也是高昂的成本。

自我實現的工具

當一個社會有越多人用心拆解成功的可能性，便會培育創意；當一個社會有更多財務自由的人，大家便可以更專注於投入個人的熱情和興趣之中，而當工作和創造都是興趣，這個地方的生產力便會非常驚人；當一個社會有越多人嘗試定義各種成功，便會成就多元文化；當一個社會有越多人分享成功，便種下更多下一代成功的可能。

最後，回答開始的兩個問題：是否每個人都能夠變得富裕？是否學習了致富的方法，每個人都可以變得財務自由？我相信兩者皆是。學好金錢這種語言，不論你希望改變世界、成家立業，抑或是向個人目標邁進，例如去打工旅行或到國外體驗世界，金錢將是會一個恆久量化的工具。我們何不好好認識它、善用它、運用它，讓金錢成為我們自我實現的工具呢？

給所有曾被說過「你辦不到」的人。
他們騙你。你可以的。

目錄

作者的話

你將開始一件事，對許多人來說這是全新也許還有點可怕的事。你可能會發現，關於投資，你一直都被騙了，許多所謂的專業人士賣給你一大堆產品。如果你只從這本書學到一件事，我希望是：你有能力控制自己的錢並決定自己的未來。不妨瀏覽InfinityInvesting.com，並開設免費的帳戶，你可以取得很棒的教學影片、文章和其他免費的內容，以幫助你進行無限投資。等你看到本書的最後，就會知道無限投資是什麼意思。

序

本書談論的是盡你所能提高實現「無限人生」的機率，我所謂的「無限人生」是一種財務狀況：未來你將不再需要工作，除非是自己想做。這可以幫助你建立正確的心態，讓你做出最好的選擇。事實上，有時候會發生一些我們無法控制的事件衝擊著金融市場。這些事件包括全國性的緊急事件、恐怖攻擊、戰爭和疫病大流行——只是其中幾個例子而已。這些事會對我們在財務各方面造成劇烈衝擊，甚至我們的個人幸福。世上沒有無風險這回事。

COVID-19 再次提醒我們，「無風險的人生」這種想法有多不實際。這個病毒不只造成市場重大的虧損、降低全球對石油的需求，還造成全世界封城，同時還有數以百萬計的人失業，財務陷入嚴重的困境。也許你就是其中之一。

這個病毒對我們的經濟造成真正的衝擊，將需要好幾年的時間才能完全被了解，但這件事給我們一個重要教訓：抱最好的期望，做最壞的準備。在投資界，這就表示你需要知道如何照顧好自己，你需要在景氣好和景氣不好的時候都照顧好自己。若想學習怎麼做，你只需要一個好的老師、抱持開明的態度，以及願意從歷史中學習。

歷史一再顯示，美國投資人對市場的重大事件反應過度。不論是愛滋病危機、嚴重急性呼吸道症候群（SARS）、中東呼吸症候群冠狀病毒感染症（MERS）、伊波拉、茲卡或麻疹，短期內市場都非常悲觀，但是長期下來都會恢復正常。其他所謂的黑天鵝事件也一樣，從阿拉伯與以色列的戰爭到石油禁運、伊朗人質危機、第一次波灣戰爭、九一一攻擊事件，甚至是最近的衰退。就算有時候復甦的速度很慢，但復甦總是就在眼前。

你大可放心，華爾街對疫情大流行一直以來都只有短期記憶，而且很快就會忘了負面因素，然後大致上來說只要六個月就會恢復正常。事實上，如果你觀察上述幾個疾病爆發後六個月內的資料，就會發現除了其中一種之外，市場都在六個月內由跌轉漲。唯一的例外就是愛滋病危機，當時股市在六個月內下跌不到 0.5%。

問題不在於市場會不會回漲，而是要多久才會回漲。在復甦的這段期間，你很清楚電視名嘴會一直討論末日，因為這比樂觀的言論更有賣點。那麼，你該如何保持理性？

巴菲特曾在寫給投資人的信中說：「別人恐懼的時候，我貪婪；別人貪婪的時候，我恐懼。」這其實就在說，別信任所有的波動，別信任所有的悲觀態度，也別信任所有的樂觀言論。真相通常都在這裡面。有紀律的投資，長期下來就能獲勝。

我成功，因為我總是持長期觀點。我們說最長期的觀點要多長？——無限！所以我的方法稱作「無限投資」。我告訴學生，持有的期間是永遠。當他們買進某樣東西，他們的目的不應該是獲利時賣出。當然這並不表示你永遠不要賣掉資產，這只表示買進的目的不是要賣出。他們要用這個資產來持續創造資金，這樣他們就可以避免不是以事實為基礎的魯莽決策。更重要的是，就算他們賣掉了，也不是把資產賣出，而是把這個資產換成別的資產，因為他們看到別的地方有更好的機會。

我成功，因為我總是持長期觀點。我們說最長期的觀點要多長？——無限！所以我的方法稱作「無限投資」。

在一個完美世界裡，你只要累積資產，然後靠這個資產就可以過日子。你會把資產交給下一代或是你喜歡的組織，讓他們受惠於這筆令你衣食無虞的收入資金流。但我知道，這個世界並不完美，任何計畫都必須有彈性，以求適應無法預見的事件。就像七四七客機的飛行員從西雅圖起飛前往紐約，但突然風向轉南。

但飛行員還是要飛往紐約，那麼他就必須修正路線。我們永遠不會知道困難是什麼，我們永遠不會知道天氣狀況，不會知道前方有沒有風暴。但我們知道，只要繞過這些阻礙，就能抵達目的地。

投資也一樣。我們要先找出自己的目的地，設定正確的路徑，然後一路上持續修正路徑。謹慎的投資人在遇上危機和後續的災難時就會這麼做，長期下來就會獲得獎勵。

我以前認識一位（白手起家的）富豪告訴我：「別管你帳戶的價值，別管不動產的價值。你要看的是這些為你創造的東西。」只要我的資產在創造收益，我就不擔心。需要擔心的人是投機者和賭徒，他們需要資產價值漲跌才能賺錢。這表示當市場發生劇烈的波動時，他們就會夜不成眠。這不是無限投資。

有些人會告訴你，他們喜歡上下波動，喜歡他們的持股上沖下洗時，腎上腺素激增的感覺。這些人不是投資人——他們是職業賭徒，他們想利用市場短期方向的變化獲利。我想告訴所有投資人，你們不會想和這些職業賭徒對作。

讓他們去做他們要做的事，我們只做自己要做的事。整體來說，我們會有很好的成果。這並不表示他們的成果會不好，只是，我們不應該和那些人生目的就是靠著市場短期方向變動來獲利的人對作。

如果你學習基本的籃球技巧，然後每天在自家車道上練習，你可能會發展出很棒的投籃技巧。你會建立起身為籃球員的自信，你決定要和專業人士一起打球。你跑去體育館，站上球場開始打球。你宣布：「我準備好要打籃球了。」然後，詹姆士（LeBron James）走進來說：「我也是。」

你覺得你能打贏他嗎？但是業餘投資人每天都在做這件事。他們學會一些「交易技巧」，然後就和世界上最厲害的交易員對作。在那個世界裡有絕對的贏家和輸家，而你成為輸家的機率實在太高了。

別玩這種遊戲。

你應該專注於在市場上獲得雙贏的策略。也就是讓詹姆士做他擅長的事，而你就在自己的能力範圍內投資。這樣大家都是贏家。

無限投資就是不論市場表現如何且在無限長的期間內賺錢。你將在本書發現，無限投資非常仰賴市場的歷史來引導我們，我們利用這一點將風險降到最低，以確保每一年、每十年，甚至如果運氣好，每百年都有一致的報酬。

引言

從小到大我有很多良師，從教練、老師和朋友，到我的父親和朋友的父母。我從幾位主要的良師身上學到一個重要課題，不同的人以不同的方式教我。其中一位是我的父親，他大學畢業後就在一間名列財星百大的公司工作，直到退休。我父親對自己的大學學歷很自豪，他是家族中最早念大學的人之一。他也要孩子讀到大學畢業，並在大公司裡找到好工作。

相較之下，我的另一位良師則是好朋友的父親。我朋友的父親是獨立的商人，他從來沒提過念大學的事（但他一定念過大學，因為他在獲得財務自由後還取得工商管理碩士MBA學位，而且還短暫念過法學院）。他喜歡告訴所有人，教授只是會叫的野獸。他有一家拍賣和清算公司，旗下有幾間商店，所有你想得到的生意他都懂。

他為很多大公司清算和拍賣庫存，包括諾斯壯百貨公司、好市多和家得寶，還有一些學區、地方警局、甚至是國稅局——而且是在網路帶來如 eBay 或 Overstock.com 等線上拍賣公司以前的時代，他用一部電話和一台傳真機，就在世界各地銷售價值數百萬美元的產品。他的故事非常吸引人，但最有意思的是，他對學校的商學課程非常不屑，認為學校忽略關係、信任和創意思考的角色。

他不認為政府有效率，而且他一直參與政治直到過世，他並不像現在的人那樣憤而參與政治；他比較感興趣的是用他做生意的創意讓事情更有效率。

我可以比較一下這位朋友的父親和我自己的父親。我父親通常對工作和財務感到沮喪和憤怒，我從小就知道他的不滿，但等我長大後才知道原因。他會帶著怒氣回家，而且很少談論他的工作；另一方面，我朋友的父親幾乎總是很振奮而且充滿活力，總是在談論他的工作——任何願意和他說話的人，他就會尋求對方的意見。他的兒子會開玩笑說，他父親總是在和「麻吉」見面。

有好幾個「麻吉」其實是其他公司的企業主和投資人，他們會和我聊天並鼓勵我尋找自己的方向。其中包括工程師、不動產仲介和公司老闆，而且每個人都看似很快樂，甚至是興奮，樂於分享他們獲得財務獨立的方法。我父親則沒有工作上的朋友，當我遇見幾個父親的同事，他們雖然很親切但似乎都把重心放在別的地方，彷彿他們是去做生意的，社交往來只是必要的手段。

我不能說父親的同事不好，他們都很親切、事業有成，似乎是不錯的人。但我的良師的富裕朋友們幾乎無一例外：他們不太擔心錢的事。他們全都忙著談論下一次的冒險、推出新的產品，或是令他們興奮的事。相較之下，我父親身邊的有錢朋友全把注意力放在見面時要完成的事。

這是個很微妙的差異，但是我現在看到兩組人的天差地別，而且也更清楚他們的動機是什麼。我父親直到加入一小群事業有成的生意人的晚餐聚會時，才看出他們之間的差異。他發現一件事，並立即要我花點時間和他們往來。

那是他第一次對我說他知道一些「不該做的事」，然後要我和那些「知道該做什麼」的人來往。父親告訴我，不要像他一樣為大企業工作。他甚至說：「托比，不是每個人都要上大學——你應該自己開公司。」彷彿為了說服我，他甚至介紹我一些開公司的朋友。其中一個朋友擁有許多連鎖企業：其中一家是Subway潛艇堡，還有機械潤滑油公司，他還不斷增加投資組合中的連鎖企業。

這位大老闆偶爾會和我一起吃午餐，並給我一些建議。他告訴我一件事，我永遠也不會忘記。我問他最喜歡工作的什麼部分，那時我覺得他說的話聽起來有點奇怪。三十年後，一切感覺很合理。當時他的回答是，如果有員工表現很好，他會告訴對方：「帶你的另一半去一間好餐廳，我請客。」這和我預想的不一樣，但是現在我懂了。

以我現在懂的事情回想，我相信我父親相當挫折，是因為他覺得自己沒有掌控權。他對工作的參與度消極，覺得自己受制於人。更重要的是，他要繳房貸，還要養一家人，他一定覺得這些財務負擔是個牢籠——彷彿他一直為別人、為債務而工作。他看著身邊不像他一樣扛著財務重擔的人，然後他做了所有好父親都會做的事——敦促他的孩子得到自由。只是他不知道該怎麼做。

我朋友的父親正好相反。他擁有自由。他似乎沒有真正的行程或是急迫的義務。他的財務自由，不論他有沒有工作都會有收入，所以他把時間花在別的事情上。他競選公職、飛到全美各地查看他的投資事業、或幫助別人創業。

他鼓勵其他人也要自立，而且有趣的是他不在乎他們是否為財星五百大企業工作還是自雇者。他教他們打造現在一般人所知的被動收入。這種收入不論睡覺還是醒著，都會一直進來；不論你在公司上班還是在度假，都會賺到這筆錢。這種收入會在你過世後繼續進來，照顧你的遺眷，持續好幾個世代。

事實是，所有的良師都有一個共同點——他們想要自由，而且很多人得到了自由，並以打造財富的簡單哲理刻意維持自由。如果父親還活著，我就能告訴他，他當時的直覺是正確的，而且我因此得以過著很自由的生活。至於我朋友的父親，我在他過世前向他道謝。就不多說我們最後談了什麼，但我要說的是，他到了人生最後一刻完全沒有一絲後悔。他知道自己的成就，而且對於會持續下去的成就感到很欣慰。

事實是，所有的良師都有一個共同點——他們想要自由，而且很多人得到了自由，並以打造財富的簡單哲理刻意維持自由。

想像一下，工作累得半死，但還是覺得自己受困、沒有掌控權的那種挫折感；想像一下，不論你有多努力工作，還是覺得很無助，這種感覺一定令人很洩氣，甚至抓狂。如果我們知道別的選項，就不會選擇這樣的人生，但如果我們不主動規劃，財務重擔就會找上我們。我們被騙進黃金牢籠——被負擔不起的生活方式和侵蝕我們財富的投資給困住了。

若要逃離牢籠，或者最好根本別陷進去，你只需要讓自己不會被騙而做出一些創造財務困境的事。這並不難，其實非常簡單，但簡單不表示容易。舉例來說，減重看起來很簡單：燃燒的卡路里比吃進去的還多就行了。但是對大部分的人來說，減重並不容易，這需要自律和刻意的努力。金錢也一樣。要避免財務牢籠的方法很簡單，我將在本書逐步示範該怎麼做，你就可以避免一輩子為別人賺錢。但你得自己付出努力。

不論你富有還是貧窮、是員工還是自雇者、有沒有念過大學——你都可以和有錢人一樣，使用能連續幾個世代為自己和家族創造永久財富的工具。

不論你富有還是貧窮、是員工還是自雇者、有沒有念過大學——你都可以和有錢人一樣，使用能連續幾個世代為自己和家族創造永久財富的工具。

我怎麼會知道？

因為我是稅務律師。我和成千上萬的投資人合作過，親眼目睹哪些人能持續獲利以及他們獲利的方法。我研究過他們的財務資料，很清楚哪些人必須努力賺錢，哪些人不必工作就可以讓錢滾進來。更棒的是，我看過他們的稅務申報資料，知道哪些人創造真正的財富，哪些人只是過著奢侈的生活而不是真正的富裕。根據這些經驗，我得以分析國稅局每年公布的資料，並且找到富豪的理財行為與模式。最棒的是，任何人都可以打造永恆的財富，你也可以，這只是簡單的數學，連四年級的小孩也會。剩下的就只是遵守制度規定，然後享受成果。歡迎進入「無限投資」的世界。

本書的章節編排會引導你完成程序。第一章會幫助你了解財務自由對你的意義是什麼，然後我會在第二章介紹驚人的財務牢籠的概念。事實是，大部分的金融機構限制了你善用自己資金的自由，而他們因此受惠。我就直接了當的說吧，很多金融機構根本是在搶劫，因為法律允許他們這麼做，而且說實話，我們根本不知道。

我們很容易一再成為他們加害的對象，同時我們還不知道錢到哪裡去了，試著想搞清楚退休金出了什麼問題。當你開始深入研究就會發現，原來金融機構系統性的讓我們背負債務，讓我們——尤其是讓年輕人失去希望。

我們將在第三章學到富人和窮人最大的差異。先給你個提示：這個差異可能和你想的不一樣。

在第四到第六章，你將學會如何計算我們所謂的「所得差」，並了解為什麼這個很重要。我會說明我的方法和傳統方法的不同之處，以及為何傳統方法根本是金融機構的陷阱。一旦你了解這個方法，我就會示範如何將舊的數字轉成新的數字，以計算你的「無限計畫」。

我除了研究成功打造財富的客戶之外，也檢視過其他人失敗的原因，因為正如哲學家兼心理學家約翰．杜威（John Dewey）說過的，「失敗具有啟發性」。我們可以從別人錯誤的理財方式中學到很多事。這些失敗通常分為三類，因為可以預測，所以可以避免。第七和第八章就是介紹這三種讓你身陷財務牢籠、必輸的賭注（三大禁忌），並檢視人們如何擺脫牢籠。

我們會討論使他們成功的三件事，而且是放諸四海皆準的方法。如果你和他們一樣，就能加入他們的行列。你至少會是財富擁有者之中前20%的人，甚至可能成為金字塔頂端2%的人，也就是社會中的億萬富豪。

你知道嗎？就財富而言，我們都是農奴、學徒、騎士或是管理者。你將在第九章了解這些詞的意思，以及你屬於哪一個類別。你可能很難接受，但這會讓你知道自己的財務盲點，並幫助你調整，以便在財務階級中往上爬。第十章會介紹我們所知有錢人的投資方法。我們的研究顯示，如果你遵照這個投資模型，你也有機會成為富翁。你將在第十一章學會一個獨特的投資策略，成為我所謂的股市包租公，以及在第十二章學會如何在財務階級中升等。

我要再次強調，這不是快速致富的方法，這是長期規畫，只要遵守規畫就能為自己和後代創造財富。正如任何長期計畫一樣，一開始有特定、立即可開始的策略。在第十三章中，我會說明一個九十天計畫，讓你馬上在財務階級中開始慢慢移動，一切都是從重要的第一步開始。最後，我會告訴你「責任」的重要性。成功最大的阻礙之一，就是只想要靠自己；但是加入會督促你的團體，就能大幅提升任何人實現個人目標的機率，不論是健身、節食或財務目標都一樣。

你準備好邁出朝向「無限計畫」的第一步了嗎？開始閱讀本書吧！

第一章 財務自由的意義

我有一個朋友名叫大衛，他住在西雅圖，是一位老派的餐廳老闆，事業非常成功。我和大衛見面時，他的目標正從想要成為有錢人，轉為想要造福別人。他的計畫其中一部分就是從餐飲業轉進不動產業。和他見面時，我正忙著幫助一位老婦人，因為法院指派我擔任她的監護人。在這個故事中，我稱她為蘇。

蘇有一些值錢的不動產，而她的鄰居想要竊占她的不動產。她的行為能力受限*，鄰居知道她沒有繳房屋稅，於是聯絡當地的郡政府，想要談談能否幫她繳掉稅金然後查封她的房子。我被找來，是因為蘇已經很難自理了，她的家被斷電，房子狀況非常不好，幾乎不宜居住。

鄰居不但沒有幫助蘇，反而視為以法拍價格取得西雅圖菁華地段房產的好機會。有人向我推薦從事不動產經紀業的大衛，因為他收取較低的佣金。我初認識他時，覺得他是個有趣的人。我發現大衛在西雅圖擁有且經營幾間餐廳，賺了很多錢。

認識他之後，我學到幾件重要的事。第一，他告訴我，他的目標就是把餐廳經營得很成功，除此之外沒有任何計畫。換句話說，他的目標是使餐廳獲利達某個金額，假設一年賺一百萬美元好了。他還沒想過之後要做什麼，他告訴我，當他賺到第一個一百萬，那年是他這輩子最糟的一年，因為他不知道該怎麼辦。他做了許多人開始賺錢之後會做的事——開始亂花錢。大衛開始吸毒、酗酒、嫖妓，所有你想得到的壞事，他都做過。

簡單來說，大衛的人生變成一場災難——這就是我學到的第二件事。大衛說，這段期間金錢唯一的好處是，由於他之前就已經在西雅圖各地投資不動產，所以即使是在他毀了自己的多間餐廳，生活過得非常荒唐的時候，不動產仍持續提供他資金。套句他的說法是：不動產「救了我一命」。

所以，即使大衛迷失方向，但他最後還是修正道路。最令我著迷的是，他的新路線和餐廳完全沒有關係；相反的，他下定決心要服務他人，而且他過往的投資經驗讓他得以轉換跑道。我認識他時，他已經上了年紀，也更有智慧。他不懷念餐飲業的生活他熱愛不動產業，熱愛幫助那些求助無門的人。

大衛幫我處理蘇的事情，而且他幫了她很大的忙。之後我和大衛保持聯繫很多年。他總是樂於助人，讓我有點嫉妒。我是專業人士，努力工作、工時很

＊編按：指因疾病等原因使心智或精神狀態受損，行為能力下降。

長、做了很多辛苦的事才得以建立起我的事業。我忍不住羨慕大衛這麼輕鬆，而且似乎無時無刻不在享受生活。在我看來，大衛好像無憂無慮，一心只想幫助身邊的人。

對我來說最衝擊的事，應該是大衛描述起當他終於實現餐廳的獲利目標，他的人生卻開始急轉直下。為財務目標決定一個金額，卻沒有人生的使命，可能會導致毀滅性的失敗。這就好像攀登到山頂，卻沒有計劃該怎麼下山一樣。任何成功的登山客都會告訴你，登頂時，你的路只走了一半而已；你還有一半的路要走，那就是下山。你的計畫必須包括累積財富和守住財富，這就需要去深入探索你想要打造財富的原因了。

為財務目標決定一個金額，卻沒有人生的使命，可能會導致毀滅性的失敗。就好像攀登到山頂後，卻沒有計劃該怎麼下山一樣。

財務自由對你的意義

你正在讀這本書，就表示你很想要掌控自己財務的未來。恭喜你，你已經和其他人不一樣了。太多人滿足於日常生活，完全不知道他們被各種財務機構給囚禁。當你選擇花時間學習「無限投資」，就是做出改變一生的決定，你永遠不會再以同樣的方式看待金錢了。

本書將幫助你設定財務自由的路線，展開清楚、步驟明確的地圖。也許你二十歲，想要管理自己的錢；也許你已經五十歲，突然驚覺自己的財務需要馬上做出改變。不論你幾歲都不重要。

本書不是要為年輕的讀者設定不切實際的目標，也不是要讓較年長的讀者因為從沒設定過目標而自責。這本書是來幫助你的。本書目標是成功，書中資訊來自我過去二十年來為富豪客戶提供建議的經驗。這不是快速致富的方法，這是個慢慢致富的方法，並且根據我擔任律師、創業家和投資人的過程中，和數千名富豪客戶合作時所收集到的資料。

我在工作過程中發現一些明確、重複的因素，這些因素就是有錢人與一般人不同之處——而且這些因素絕對和你想的不一樣。這和你的大學學歷有多好或是成長背景無關。重要的是心態。尤其是關於你的信念，以及你是否相信自己可以控制結果。

財務自由練習

我們來做個簡單的練習，幫助你了解財務自由對你來說的意義是什麼。你需要回答下面這個問題，當我說：「財務自由對你來說是什麼？」時，你會想到什麼。為了幫助你回答這個問題，請停下手邊正在做的事，閉上眼睛思考，然後寫下你的答案。

容我以自己對這個問題的反應為例。對我來說，財務自由的其中一個意義是，我可以旅行。所以，我在做這個練習時會寫下旅行。下一步就是回答這個問題：「為什麼這對我來說很重要？」

所以我會問自己：「為什麼旅行對我來說很重要？」我可能會寫，我想要體驗祖先的文化。你可以繼續重複相同的步驟，直到找出你的核心動機——財務自由對你來說的意義是什麼。

以我的例子來說，我會繼續問自己：「為什麼想要旅行和體驗祖先的文化？對我來說很重要嗎？」然後我會寫下，這樣可以幫助我更了解自己的價值觀和家庭背景。然後我會繼續更深入的問自己——「為什麼這對我來說很重要？」

這麼做的目的在於利用這個程序來深入探索，以得到清楚的答案。每當問自己這個問題，就能幫助你更清楚且更接近核心價值，有助於持續進行你的計畫。

有人說這是更了解對你來說「重要的原因」。如果你知道為什麼要這麼做，你就贏了一半。你可以專注於這個目標，把它寫在紙上然後說：「這就是對我來說最重要的原因。」研究顯示，光是寫下終極目標這個簡單的步驟，就能將達成目標的機率提高三〇〇%。市面上有很多書，內容完全在探討尋找目標並且把目標寫下來，以實現目標的祕密。

我們的目標就是找出對你來說重要的事，這樣你就可以把這件事變得重要，或者如果你是家長，你可以把這件事變成對你的家人來說都重要的事，你可以說：「我們家就是這樣。這就是我們的理念。」

如果不清楚原因，我們就會任由突發奇想來決定人生。而且請相信我，你每天都會被這個充滿廣告的世界給影響——甚至可以說是被洗腦了。你在手機裡、網路上看到的所有東西，都在不斷的賣東西給你。如果你沒有主動意識到這件事，就會被引導走上錯誤的道路，遠離你的財務目標。所以，利用「財務自由對你的意義」所得出的答案，深入探究「重要的原因」，才能據此建立你的道路。

換句話說，如果缺乏指引，你就會像汪洋中一艘沒有舵的船，四處漂盪。你會在潮流中漂流，除了機運，永遠也不會抵達目的地。只要知道你的目標是什麼，以及為什麼這個目標很重要，你就可以懷著決心朝向目標前進。別擔心，你可以一直修正目標，正如朝向紐約前進的船隻，也可以改變航道並轉往佛羅里達。

當你知道目標，以及對你來說財務自由真正的意義後，下一步就是很合理的問題：「**你需要多少錢才能達到目標？**」

稍後我們會用一些明確的指標來做判斷。你不能只是說：「哦，我需要一點錢。」你需要一個金額。你需要製作一個傳統的收入清單——銀行稱之為**收支表**，對企業來說就是損益表。銀行也會要求你提供個人的收支表，列出你的資產和負債，將資產減掉負債就是你的**淨值**。

當你申請貸款時，銀行就會使用這張表。所以，不論是你的公司或是你個人，還是要用一樣的財務類別。接下來我會一一解說所有的類別，我們要用這些計算結果來判斷你需要多少錢才能得到財務自由。

所以，你如何定義財務自由？對你來說，財務自由可能是指再也不必工作，或是你可以選擇較低薪或不支薪去從事你熱愛的工作；財務自由也可能表示你有一個遮風避雨的地方。對有些人來說，財務自由表示沒有車子和房子的貸款，沒有負債——你需要的可能就只是這樣。有些人可能會說，他們需要知道自己有固定收入，而且不需要依賴別人，這樣他們就可以環遊世界而不必擔心錢的問題。

有些人可能是想資助慈善機構、從事宣教工作，或是捐款幫助其他人——沒有錯誤答案，但是我們還是需要有個目的地。想一想，對你來說財務自由的意義是什麼，然後我們就可以開始計算了。但是在我們開始計算前，我們得先談談三個非常不同的觀點，並從這三個觀點來看怎麼樣算是「足夠」。

所以，你如何定義財務自由？

需要、想要和願望

對大部分的人來說，財務自由的定義主要受到他們對於需要、想要和願望的理解所影響。我們一起來看看每一個項目。

需要是這三者之中最基本的。如果你想的是美國聯邦緊急事務管理署（FEMA）在發生緊急事件時提供人們的資源，這些就是基本的需要。人們需要水、棲身之處、食物和醫療。

想要是你偏好的生活方式。金錢、假期、汽車以及在好社區的房子，這些都是想要。有些人喜歡爭論需要和想要之間的差異，他們最常說的是「不一定」。最有可能的情況是，你現在的生活就是你「想要」的生活，這就是你想要而且不必擔心金錢的生活方式。你花錢不太需要擔心，雖然也許有一些要繳的卡費。

你可能有一些負債，但你還是常常去看電影，你也會去旅行和度假。以上這些事你想要但可以不需要做——換句話說，假設有一天你失業了，如果有必要，你可以不做這些事。你必須能計算出這些開支，後面我會再告訴你該怎麼做。

願望則是在一切都如你所願的情況下，你理想的生活方式。你希望能做什麼？也許你的願望是在別的地方有第二間房子；也許你的願望是參加教會的宣教之旅。不論你的願望是什麼，你都必須對自己誠實。你要知道自己到底需要什麼、想要什麼和願望是什麼，你才能開始計算：你需要多少錢才能支付這些東西的花費？

如果你的需要，是不要成為無家可歸的人，那麼你的需要就是有個遮風避雨的地方；你會需要基本的交通工具，才能載孩子去上學和去上班。你的基本需要是什麼？你「需要」食物，但你「想要」去看電影；你不會說「需要」去看電影，所以你必須知道「需要」和「想要」這兩個數字——別擔心，我不是叫你減少想要的東西。

事實上，我在計算的是根據你的想要所得到的「**無限淨值**」。你必須知道自己的需要是什麼，才會知道何時已經實現。

世界上最糟糕的事，就是看著已經滿足需要的人，被過度熱心的財務規畫師帶著走回頭路，這些財務規畫師讓客戶無法退休，因為他不知道客戶已經滿足了需要，所以他讓他們做更積極的規畫。從現在開始，你將會知道自己的數字，然後自己規劃。

重點是下面四個簡單的財務類別：

↓ 收入

↓ 支出

↓ 資產

↓ 負債

在下一章中，我將說明為什麼依賴金融機構為我們制訂投資策略，會對我們非常不利。等我們開始計算，你就會看得很清楚，但你需要知道為什麼一般美國人和理應服務大眾的金融機構之間會有這樣的差異。

第二章
財務牢籠的運作

瑪麗是退休教師。她的丈夫幾年前過世了，她現在每天和朋友聚會、在自家的花園裡休憩。她很愛自己的房子——裡面充滿了回憶，而且感覺好像她過世的先生一直都在。瑪麗覺得自己的財務狀況很安全，但她總是在想，她到底是否真的懂退休理財。有一位朋位告訴過她一位財務規畫師的事，我們就稱他為亞倫好了。

亞倫是位事業有成的規畫師。他穿著高級西裝、髮型無可挑剔，而且他似乎真的很懂自己的工作。瑪麗約了時間，要在他很大間的辦公室碰面。辦公室的地毯和藝術品都很精緻，亞倫坐在辦公室正中央大型、發亮的櫻桃木桌前，散發著總裁級的氣場。

瑪麗對這一切印象深刻。亞倫問瑪麗需要什麼，還有她現在的生活方式——他做的是大部分負責任的財務規畫師都會做的事，那就是試著了解客戶的支出項目。亞倫為瑪麗製作了一張圖表，列出她所有的支出。

這張圖表的概念是，她在可預見的未來每年會花用資產組合的4%。除非她的壽命超過一百歲，否則她不會把錢花完。瑪麗聽完覺得很安心。她把自己的帳戶和過世丈夫的帳戶都交給這位顧問處理。

她的教師工會退休儲蓄裡還有一點錢，接著亞倫就開始管理她的帳戶。她會定期收到亞倫寄來的對帳單、生日賀卡和聖誕卡。除了這些之外，她從來不會收到亞倫的其他消息。她每年會聯絡他一次，以確保她的投資組合。亞倫會回答，一切都符合標準。他告訴她不必擔心，狀況很好，可以滿足她的需要。

然後有一天，市場崩盤了。瑪麗驚訝的發現她的帳戶價值少了超過三分之一。她困惑的打電話想和亞倫談談。亞倫說別擔心，他會重新配置她的投資組合，並再次向她保證，他所做的規畫可以讓她安然度過這場風暴。但是瑪麗有點懷疑，所以她計劃和亞倫當面談談，以討論明確的作法。

她和亞倫坐下來，聽他說明資產配置、多元化和所有他幫她投資的共同基金；她需要等待市場修正，然後一切就會恢復正常。但是瑪麗明確指出，她需要靠這些錢過日子，如果賣掉這些投資，變現讓她過生活，她就會虧損一大筆錢，因為市場正在觸底。

亞倫提醒她還有別的收入來源，例如社會安全福利金及教師退休金，她應該可以靠這筆錢生活，不需要現在出售任何持股。瑪麗算一算所有的收入，發現她的錢還是不夠。轉眼之間，她的儲蓄就已經損失了將近三分之一，她很不高興。但亞倫堅稱自己幫她做的投資很適合她，而且風險是適當的。

瑪麗決定尋求第二人的意見，並將她的投資組合拿去給另一位合格的財務規畫師，我們就稱她為辛蒂吧。辛蒂分析了瑪麗的資訊後很快就看到，雖然她有多筆共同基金投資，但許多基金投資標的都一樣。簡言之，一號基金可能10%的部位放在XYZ公司股票，二號基金則將20%的資金投資於XYZ公司；也就是說，雖然瑪麗以為她分散投資多家公司，但實際上她對某一家公司的曝險非常高。

辛蒂也將投資組合輸入一個評量曝險的分析程式中，她發現瑪麗的投資組合並不像亞倫說的那麼保守，而是積極型、以科技股為主的投資組合；也就是說，她需要這些公司擁有很好的績效才能賺到錢。她的投資組合餘額看起來很高是因為當時很多人買這些股票。當需求一減少，股價就下跌，而且她的投資組合中並沒有真正的資產。

瑪麗很震驚。她明明做了所有對的事情。她知道自己的能力極限並雇用財務規畫師。她清楚說明自己需要的所有生活條件。她預期財務規畫師會為她打造一個投資組合，能讓她安然度過跌勢。但現在她發現情況正好相反，瑪麗發現自己沒有選擇，她必須賣掉房子、減少支出，調整她的生活水準，她才不必在虧損時把投資組合全部賣掉。

這讓她學到一個非常重要的教訓：她才是最終要負責、確保理財計畫符合自己需求的人。辛蒂向她解釋對別人託付責任以及使用適合性原則的真正含義後，瑪麗不禁睜大她的雙眼。

金融機構的祕密

許多金融機構根本不在乎你的最佳利益。如果你不相信，請參考這個最近發生的例子：一位摩根士丹利的高階員工，發現自家公司一個令人震驚的真相。在仔細審視摩根士丹利員工退休儲蓄方案的投資產品後，他發現裡面包含許多昂貴、績效表現差而且高管理費的產品，他竟然還每天把這些產品賣給客戶。

這位摩根士丹利的員工指出，投資這些基金讓摩根士丹利的員工退休金儲蓄損失數百萬美元。為什麼摩根士丹利要這麼做？因為買進摩根士丹利的基金，能為公司創造可觀的收益和獲利，儘管這麼做會損害員工的退休基金價值。這位高階員工最後成為摩根士丹利員工向雇主提出集體訴訟案的首席原告。

基本上，摩根士丹利的員工中很多人都銷售自家產品給顧客，因為公司讓員工的退休基金帳戶也持有相同的產品，這表示員工對自己銷售的產品根本沒信心，才會控告公司。聽起來很扯，但絕對是事實。

不只摩根士丹利。不幸的是，還有許多其他案例。《華爾街日報》曾報導，一群佛羅里達的教師對工會提出訴訟[1]。工會敦促會員透過工會旗下的公司進行退休金投資，但工會沒有告訴教師們，這間公司收取的各種費用比較高，所以當他們退休時能領到的錢會變少。所有的讀者看到這裡，應該看清楚許多金融機構營運的方式了吧。

財務牢籠是真有其事，你將在本章學到這到底是怎麼一回事。放眼全球歷史充斥著各種控制資訊的人濫用這項能力。舉例來說，在某些中世紀教會，《聖經》是用拉丁文寫的，而法律禁止平民學習拉丁文，這表示一般人必須去找懂拉丁文的人幫他翻譯——通常會以對他有利的方式來解讀經文。他可能會說：「《聖經》說你必須付我錢，這樣你就會上天堂。」

在某些情況下，很多階級的人被限制他們能知道或能學習的東西，只有工作上有絕對需要的人才能受教育。他們只被允許學習閱讀、算數或是寫字，但必須是對統治階級有利的情況下才可以。換句話說，他們是被人刻意矇在鼓裡——財務牢籠就是這麼運作的。金融機構想把我們矇在鼓裡。我之後將在書中詳細說明，這樣你就可以避免被銀行和券商囚禁。

這種情況在美國很明顯。當很小比例的人控制非常大比例的財富時，表示其他人幾乎是在為他們工作。在金融的世界裡，有統治者也有囚犯；統治者控制一切，而囚犯必須為他們工作。為什麼？因為債務的現實衝擊使得財務牢籠可以持續監禁囚犯。

他們利用債務機制來控制你。債務就是他們讓你每天都要為別人工作的方法；債務就是當你在六十歲時醒來，發現你得要工作才能支付生活費，剩下的錢要用來償還債務，結果你所剩無幾，根本無法為退休儲蓄。

順帶一提，你可能是自雇者，但仍然為別人工作。你的房子是誰的？很有可能是某間銀行或是房貸公司的。如果你沒有房貸，那就能了解擁有一點自由的感覺——這種感覺很好，因為你發現你不是在為別人工作。如果你住的房子不是你自己的，或是你還在繳房貸，或是如果你經歷過經濟大衰退就會發現，為你認為是資產的東西揹負債務會造成多大的破壞力。

我的立場是，還在繳房貸的房子不是資產。你其實是用債務（房貸）買另一個債務（房子），所以你才會這麼痛苦。我們要探索這麼做所帶來的現實衝擊是什麼。我會告訴你一些統計數字，這可能會讓你們大開眼界，就像我當初看到時的感覺。

社會安全制度的迷思

我們來看看一些統計數字吧。研究顯示，約42%的美國人退休時的財務狀態是破產，存款只有不到一萬美元，只能靠福利金度日。你可能會想：「嘿，這些年來我也有繳錢給社會福利制度。」但抱歉，領取福利金就表示，你能領到多少錢得由別人來決定，只要有人大筆一揮，你的這筆錢可能就沒了。我不太喜歡靠公共補助來過日子。

我並不是反對公共補助，而是我認為這應該是安全網，不是你的退休儲蓄金。當初成立社會安全制度時，目的是要保障那些壽命超過當時正常預期壽命的人；當時的估算認為，大部分人只需要這個保障兩年左右。事實上，根據美國社會安全局（Social Security Administration）的網站資料，社會安全制度實施時，美國男性的平均壽命是五十八歲。

如果社會福利制度真的是安全網，就應該保障當你活太久時的花費，但現在有人卻要靠這個來保障他們的退休生活。你必須為自己負責，「無限投資」的哲理正是如此。不論有沒有工作，我們都必須有收入。你可能會說：「嘿，我繳社會福利稅這麼多年了，我有權領取社會福利金。」

也許是吧，也許你會認為這是你可以依賴的收入來源，但我不會這麼做。我要看的是會創造收入的資產，社會安全制度就只是安全網。雖然我還是會領到錢，但我不會把這筆錢算進我的收入，因為這不是我自己能控制的。這筆錢可能會被別人剝奪。

退休儲蓄的阻礙

根據美國國會政府課責總署（US Government Accountability Office）的資料，半數美國人在接近退休年齡時，個人 401(k) 退休儲蓄基金帳戶或其他帳戶幾乎沒有儲蓄[2]。為什麼美國人退休前不儲蓄？我們就承認吧，很多人的生活方式都太奢侈了——現在幾乎人手一支機，但很多人卻沒有為退休存夠錢。這是因為我們不了解退休金儲蓄的重要性，或即使我們了解為什麼很重要，卻不把這件事列為優先事項。

我是律師，我馬上可以告訴你，壞事難免會發生。因為我常為財產做稅務保護的規畫，我知道天有不測風雲，所以任何財務規畫都需要包括一個急用基金，但這不是我們拿來計算累積財富的錢，你必須另外打造一筆保障用的基金。我們就以醫療保險為例吧。如果我得了一種嚴重疾病，而且我沒有醫療保險，這就會對我的財務狀況造成嚴重的影響。

所以我也許要加保醫療險以降低風險。開車也一樣。你可能永遠不會發生車禍，就算發生了也可能只是小車禍；但如果你發生嚴重車禍，有人受重傷或死亡，你被追逐救護車、製造假車禍詐財的人撞傷——你有保險，就可以降低這樣的風險。同樣的概念也適用於屋主保險和人壽保險。

你絕對要買壽險。我們就來看看統計數字吧。如果你年過六十，有50%的機率會需要長期照護支出——平均成本超過二十萬美元。如果你知道自己有50%的風險，就應該降低這個風險。如此一來你就會需要長期醫療照護險。

當我聽到有人說「我沒有那麼多錢」時，我都很懷疑。根據我在刑事法庭的經驗，我可以告訴你，當法官允許嫌犯保釋時，人們一定會想辦法籌到錢。不論財務狀況如何，幾乎沒有人會想待在監獄裡。只要需求夠大，人們都會想辦法籌到錢。有時候人們只是覺得為退休儲蓄的優先順序不夠高，因為你比較想把錢花在別的地方。

你比較想把錢拿來看電影、一個星期去餐廳用餐兩三次，而不是減少支出，把存退休金放在第一位。如果你把退休金當成最重要的事，並把儲蓄當成如同繳費一樣來處理，你就可以辦得到。這需要「調整你的心態」。你必須想想你的心態，而不是責怪外在環境害你沒辦法存足夠的錢。

我還聽過其他的藉口包括「我的工作沒有提供退休儲蓄方案」，這是把你自己的責任推卸給別人。另一個藉口是「我的優先順序是償還債務，然後再來累積資產」——這一點我可以理解，但我還是認為你可以兩者兼顧。我聽過大部分的藉口都是胡說八道。雖然有少數人完全沒辦法為退休生活儲蓄，但是既然你都在看這本書了，表示你不是那樣的人。

你可以今天或明天就開始為退休儲蓄。不論以什麼方法，你總得先開始。我不在乎是不是只能存十美元——你就是要開始存錢。當你踏出第一步，當你把這件事變成一種習慣，長期下來你就像把存退休金當成繳費一樣，就統計上來說，到了未來某個時間點，你就會累積一百萬美元。這只是個簡單的數學計算而已。

債務的負擔

如果我們回顧二〇〇〇～二〇〇七年，當時的景氣非常熱，然後大衰退來臨，經濟都停擺了。整件事有很大一部分要考量到就學貸款的問題：大衰退剛開始時，就學貸款飆高。根據聯準會官員的說法，這段時間的就學貸款飆升逾三倍。

這時對很多人來說開始出狀況了。很多人開始失業，很多人討論解決失業的方法之一，就是「回到學校、學習新的技能、轉換跑道、拿個工商管理碩士學位！」問題在於，他們沒有工作，所以沒有錢支付學費。他們必須借錢，結果在學期間沒有工作和收入，反而使得他們的負債累積得更多。

大衰退期間，很多人喜歡比較就學貸款和信用卡債。在這段期間，信用卡債大幅減少，但就學貸款卻大幅增加。使問題更嚴重的是（而且這也是美國一個可怕的祕密），你沒有辦法像甩掉其他負債一樣甩掉就學貸款。不同於學生貸款，你大可去賭城飲酒作樂，刷爆信用卡；你可以一擲千金的豪賭，在週末大肆開趴狂歡，把你所有能花的錢全部花掉，而且全部記在信用卡上。然後，如果信用卡債是五萬美元，你可以申請破產然後把卡債一筆勾銷。然而，如果你有五萬美元的就學貸款，卻不能申請破產然後取消這筆負債。當然，有些政客提出要免除就學貸款，但到目前為只都只是說說而已。的確有一些方案讓你可以用教書或是從事公職的方式來免除就學貸款，但無論如何就是不能用申請破產的方式來取消這筆債務。它會跟著你一輩子。

擁有房產的債務衝擊

現在骨牌倒下了，就學貸款衝擊住宅私有率。因為就學貸款增加，買房子的能力被壓低，所以現在的年輕人買不起房子，必須用租的。

我們來看這個情況的另外一面。這表示有很多人想要租屋，因而創造出市場需求——這表示你應該當房東。你可能會覺得這很瘋狂，這邏輯也太跳躍了。但是根據《華爾街日報》和都市發展局（The Urban Institute）公布的統計數字，擁有住宅的美國年輕人是三個世代以來最少的。事實就是，年輕人都在租屋。這代表什麼意思？這告訴我，負債造成一個很嚴重的情況。

就學貸款和住宅私有率下降有直接相關性。如果這不算是財務牢籠，那我就不知道什麼才是了。負債逼著你向別人租房子。我不知道還能怎麼說，抱歉，如果你正在租房子，那是因為你必須租房子，你就是我之前說的囚犯。

一個受託人的重要性

我們來想一想，我們從哪裡得到理財的建議。我們聽誰的話？誰應該給我們建議？在此我要介紹一個人，他名叫巴布，是你社區的肉舖老闆。你認識他很多年了，你把他當成朋友。你走進巴布的店，他會對你微笑、打招呼，然後問候你家小孩。他會問你需要買什麼，你會說：「嘿，巴布，我受夠每天在想要吃什麼了，你可以幫我想下星期的晚餐菜色嗎？」

樂於助人的巴布會建議你，星期一應該買他剛進貨的小牛肉，星期二應該吃雞肉，星期三可以吃烤肋排，星期四應該吃豬排，星期五一般家庭很喜歡沙朗牛排。巴布不會叫你吃什麼，他不會叫你去吃魚和綠色蔬菜，他不會叫你去農民市集買新鮮的水果。

他不會說：「少吃一點肉吧。吃太多我賣的東西對你的健康不好。」等一下，巴布不是你的朋友嗎？他為什麼給你不好的建議？因為巴布是肉販。他的生意就是賣肉，肉要賣出去他才有錢賺。他會照顧自己的利益，不會管你的利益。

而且，不只是巴布。如果你去豐田汽車經銷商問：「什麼樣的車最適合我？」他們會帶你去看展場上最頂級的車；去凱迪拉克的經銷商，他們會建議你買凱迪拉克。肉販巴布、凱迪拉克和豐田經銷商都是商人，他們不需要顧及你的最佳利益。

你對巴布的建議感到不滿，你知道你應該為家人的健康負起更多的責任，所以你去找一位營養師、名叫瑪麗的醫生，你問她：「我們家晚餐應該吃什麼？」瑪麗醫生規劃了一個以均衡飲食為主的方案，包括全穀類、蔬菜和魚肉。請注意：她沒有建議吃小牛肉。她不會賣給你任何東西，她就是所謂的「財產受託人」（fiduciary）——這也許是本書最重要的名詞。受託人將你的需要置於自己的需要之上。

受託人將你的需要置於自己的需要之上。

問題在於，90%的美國人以為他們的財務規畫師是受託人，但其實並非如此。當你去銀行問行員該投資什麼，他們很可能會賣給你讓他們獲利最高的投資產品——這就是他們做生意的方式。他們所做的事未必是對你最有利的事，因為他們沒有義務這麼做。如果你去銀行問他們有關可轉讓定存單的事，他們就會賣你可轉讓定存單。

如果你去證券公司，他們可能會賣你一大堆股票。我看過有些富豪在市場中虧錢，就是因為他們向證券公司買了一大堆公司要賣的東西，然後公司再用自己的帳戶買賣股票，這就是他們賺錢的方式。這就是他們的生意模式，他們不是受託人。

別以為我說得太誇張，想一想我在本章開頭提過的摩根士丹利訴訟案。摩根士丹利投資退休基金的方式，能為公司帶來豐厚的收益，但正如員工的投訴，這種投資方式並沒有產生對員工最有利的退休投資組合。摩根士丹利並不是以受託人的身分投資——這一點非常重要。因為受託人責任要求退休金帳戶的管理人採取對存戶最有利益的決策。如果沒有受託人責任，他們就會以**適用性的標準**來營運。

我再用汽車的比喻來簡單解釋一下。假設你們是四口之家，你走進雪佛蘭經銷商說：「我需要能載全家人的車。」他們可能會賣你兩輛改裝過的科維特（Corvettes）雙門跑車。他們可能會說：「嘿，你們家有四個人。爸爸媽媽可以各開一輛，孩子各坐在兩輛車的副駕駛座。」理論上，這麼做符合適用性標準，因為這的確為四口之家提供交通工具。但這是你家最佳利益的選擇嗎？

當然不是。對家庭來說比較合理、便宜而且安全的選擇，是休旅車或是小廂型車——這才是最符合家庭利益的選擇。如果雪佛蘭經銷商是以適用性的標準來經營，他們就會賣你兩輛雙門跑車並賺進大把鈔票，因為理論上來說，兩輛雙門跑車符合四口之家交通工具的適用標準。如果他們對你家有受託人責任，他們就必須販賣最符合你利益的產品，而不是他們的產品。這就是受託人必須做的事。否則雪佛蘭經銷商可以賣你雙門跑車，銀行員可以賣你共同基金。

共同基金的迷思

受託人的義務如何影響共同基金的管理？我們一起來看看共同基金真實的數字吧。這不只是我的意見而已：《富比世》雜誌說這是共同基金和退休真正的成本[3]。我之所以提到這件事的原因是，共同基金經理人必須向你揭露的並不是真正的支出。要計算真實成本其實很簡單，你看看年初時手上的資料，再看看年底時的資料，資產價值增加還是減少？這就能告訴你，你到底有沒有賺錢。聽起來很簡單吧？

假設你有一筆十萬美元的共同基金，你的基金顧問說：「嘿，我們一年獲利7%。」你可能以為你的共同基金餘額會是107,000美元。但是你看對帳單時就會發現，帳戶裡只有102,000美元。這很簡單：你的報酬率其實只有2%。顧問可以告訴你報酬率是7%，是因為他們沒有義務要揭露他們收取的所有費用。

你唯一能知道實際費用的方式，就是計算稅金和其他的費用。這就是我不太喜歡共同基金的原因，實在是太貴了。

為什麼？因為共同基金有一些其他投資不會有的隱藏費用。共同基金有一筆支出比例，包含交易費，仲介費也是交易費的一部分，還有市場影響報告費和資料差費。此外，你通常要一直繳稅，因為基金會申報這些資料。

這是因為共同基金並非可免稅工具；結果，你可能在為別人投資的錢繳稅。還有所謂的**現金阻力費用**（cash drag cost），意思是共同基金必須有一定的流動性。如果你在共同基金投資一千萬美元，他們可能會保留五十萬的流動性。結果投資的金額不是一千萬，而是九五〇萬，所以現金阻力將近1%。

還有一種稱為**軟錢費用**（soft dollar cost），這個比較難計算。你必須把數字倒推回去，用反向工程的方式才能計算出真正費用是多少。當證券公司有多個共同基金，他們把費用轉嫁出去，這就是所謂的軟錢費用。舉例來說，共同基金X是為高階投資人所設計的；證券公司會做很多研究，小心翼翼配置這筆資金，所以他們會向其他來源買進很多研究資料。還有共同基金Y，這是較大型、屬於大眾的基金，適合基金經理人認為較低階的客戶。證券公司可能決定把X基金的所有研究費用轉嫁到Y基金上，如果你是Y基金的投資人，你就得支付他們所謂的軟錢。支付研究費用的人是你，受益的卻是別人。共同基金支付費用讓公司取得研究資料，他們用這些研究資料讓其他人受益，但你卻是付錢的人。

還有顧問費。當你買進一檔共同基金，就會有一間金融機構收到錢，可能是富國銀行（Wells Fargo）或是其他擔任顧問的金融機構。把這些全部加起來，現金阻力費用和所有其他東西的總費用大約是4％。再加上軟錢顧問費，結果費用被推升到5.8％。二〇二〇年標準普爾指數（S&P index）的報酬率是7％，經通膨調整後，可能高達將近9％。當你扣掉所有的費用，也就是這5.8％後，忽然間報酬就沒那麼高了。

我曾經對一個大型團體說過這件事。後來其中一位出席者回去檢查他們的退休基金中投資的股票和共同基金。那檔基金公布的報酬率將近7％。但是仔細檢視後，他發現基金的費用大約是5％。他所收到實際的報酬率只有2％，令他非常震驚。

我曾遇過聽眾和我爭論：「我投資了五萬美元在共同基金上。」然後我問：「到了年底價值剩多少？」結果到年底的餘額不到五萬美元，但對方卻試著說服我，那一年的報酬率是正5～6％。我不得不說：「胡說八道。你的數字所顯示的根本不是這樣。」我才不管仲介宣稱基金的績效如何。我只在乎帳戶裡到底有多少錢，而且你也應該這麼做。

我才不管仲介宣稱基金的績效如何。我只在乎帳戶裡到底有多少錢，而且你也應該這麼做。

到底是誰在為誰工作？

在上述案例中，請問誰在為誰工作？你想一想全年費用所造成的衝擊，就會發現，原來是你在為他們工作。假設你有一個共同基金帳戶，你每年存入一萬美元，然後資金成長7%，就這樣三十年。投資以每年7%的績效成長，但你要支付 4.8% 的管理費。

三十年來，你直接投資於基金的費用是三十萬美元，你的餘額將會是415,000美元。你可能會說「太好了！這筆錢不小。」但你可以自己把這筆錢投資在別的地方。舉例來說，如果你只是把上述的費用投入標普指數股票型基金（exchange-traded fund，ETF），而ETF的報酬和大盤的報酬相同，那麼你可能會拿到1,020,000萬美元。但是當你把錢投資在共同基金，你就會有605,000美元被華爾街的金融機構拿走了。你的投資讓誰變得更有錢？是你自己，還是華爾街？金融機構賺了605,000美元。到底是誰在為誰工作？

如果管理費從4.8%降到2%呢？好消息是，你的餘額現在會是688,000美元；壞消息是，你還是得付給華爾街332,000美元。沒錯，只是2%而已，但付給證券公司的還是這麼多錢。你要再次問問自己，他們到底在照顧誰的利益？到底是誰在為誰工作？

用美國證管會的管理費資料和個人資本公司（Personal Capital）所做的研究顯示，如果你在券商的帳戶存五十萬美元達三十年，美林證券會在這三十年內賺走將近一百萬美元[4]。管理費最低的是聯合服務汽車協會（USAA），但也會賺走大約五十萬美元。所以，你為什麼要買他們的產品？

共同基金只是一籃子股票。奇怪的是，你通常不知道裡面有哪些股票。所以如果我問你為什麼要買共同基金，你可能會說是為了維持多元化的股票組合。事實上，為了盡可能維持多元化，你還買了兩檔不同的共同基金。問題在於，每一檔基金都有30%的部位放在某一間公司，而你根本不知道。你以為自己的持股分散，但其實你還是承擔著一樣的風險。

另一個選擇是**指數股票型基金**，簡稱**ETF**，這也是一大堆股票，只不過你買一股的ETF，就能擁有這檔ETF所投資的所有公司的一小部分。所以我可以只買一股的債券型ETF，就能投資五千檔不同的債券。舉例來說，我可以買一股的能源產業ETF，就能投資能源產業中所有公司的股票。我挑選某一種類型的ETF，而且我喜歡它的投資組合，我所得到的報酬就是它的獲利，而且我只要付出一筆費用，就是交易手續費。

這對你的投資組合有什麼影響嗎？當然有。假設你投資了一萬美元，你支付5%的費用，一年就是五百美元。如果我買的是投資這些公司的ETF，那我支付的費用就只有兩美元。

仔細檢視你的基金

我們以真實世界的範例來看。四十多年來，我的同事大衛．麥尚恩（David McShane）非常仔細拆解並分析券商的基金帳戶，我們有一位客戶持有價值398,000美元的投資組合，大衛拆解帳戶中未揭露的費用，看出所有券商基金的管理費、支出比例和所有未揭露的費用。他發現其中的多項管理費，有些離譜到高達14%，也有一檔基金只收取1.8%。最低的是高盛SPDR，這表示你支付將近2%買一個不需要繳費的東西。大衛．麥尚恩研究的這二十四檔基金，平均費用是4.29%。如果你自己管理投資組合，就只要買進投資相同公司股票的ETF，你的費用就會從一萬七千美元降到一千美元。這樣四十萬美元的投資，一年就可以省下一萬六千美元。

本章的目的是要讓你知道，如果你乖乖聽券商告訴你該怎麼做，讓他們占盡你的便宜，那你會損失多少錢。同樣的，我想請問你，到底是誰在為誰工作？我要你想的是：**你冒百分之百的風險，但領到的報酬卻不到一半。**當你持有一般的共同基金，等於是把大約70%的錢送給別人，但是你卻要承擔100%的風險。這一點也不合理。

第三章
富人與窮人之間最大的差異

我在念法律的時候曾在法學院的學術研究中心擔任家教，學術研究中心主要負責提供法律專業知識給多元化和非傳統的學生。我們的其中一個研究項目就是：什麼讓某些人活得很卑微，有些人卻能出人頭地？答案並不是他們的出身。一個人成功與否通常和**賦權**有關，也就是說，成功有賴於給予那些傳統上不被允許從事法律工作的人們權力，數十年來，這個計畫非常成功。

當我在研究經濟能力好的人時，我發現這和我在學術研究中心所看到的情況一樣。根據我的觀察，某一群人可能住在不好的環境、地方政府的管理不當，但他們還是世世代代都能有很好的成就，他們會不斷讓自己擺脫不好的環境，無論是種族偏見、族裔迫害，或是其他可能傷害他們經濟能力的事件；同時，另一群人可能獲得所有能成功的機會，或至少能得到和那些事業有成的人一樣的機會，但卻仍世代活在貧困中。這兩種人之間的差異是什麼？

答案可能很複雜。因為我們必須考量到一件事：成功有賴於人們互相合作，善用可取得的資源，才能順利通過逆境。換句話說，成功的人幾乎都是那些能找到方法擺脫自己所處環境的人。但是不論你看的是哪一份研究，同樣的趨勢總是一再出現，最終可以歸納至一件事——就是我所謂的**改變你的想法**。

成功的人幾乎都是那些能找到方法擺脫自己所處環境的人。

重點是心態、權力和自我價值。失敗的人未必是缺乏資源的人，反而是有某種心態的人自己不夠機靈，他們不相信自己有創造命運的能力。因此，那些長期下來總是能成功的人，令他們脫穎而出的關鍵就是他們自己的信念。接下來我要解釋這該如何運作。

擁有財富和沒有財富的人之間存在顯著的心態差異，稱為**控制點**（locus of control），這是一種你相信自己有能力控制結果的信念。相信**外控**的人，他的所作所為會是回應外部的環境，他們相信不論自己發生什麼事，都是他們無法控制的因素所造成的；相信**內控**的人，則傾向相信人生是自己的態度和能力**行動的結果**，他們相信自己是財務的主導者。這個自我實現的預言非常強大。如果你相信你沒有控制權，結果可能就是你不會出人頭地；但好消息是，如果你相信自己有控制權，你就比較有可能出人頭地。

經濟能力非常好的人，尤其是連續幾個世代功成名就的家族，都曾花時間學習如何善用金錢。這就是你現在讀這本書的原因。現在你知道控制點的差異了，我要你知道，你可以控制自己的金錢，不要讓別人和外部環境來控制你。

常見的金錢迷思

管理你的財務生活，重點在於你的信念。這很複雜，因為不論我們是否有自覺，其實我們的金錢觀都是從小被灌輸的。我們來看看一些從小就被灌輸的常見信念。有沒有覺得哪一項很熟悉？

- ↓ 錢不是從樹上長出來的
- ↓ 要先有錢才能賺錢
- ↓ 世界上有兩種人。一種人什麼都有，另一種人什麼也沒有
- ↓ 在人生這場遊戲中，必定有贏家和輸家

這些想法都是錯的，而且源自於匱乏心態（scarcity）。與匱乏心態相對的是富足（abundance）心態——相信餅可以做成無限大。正是相信資源足以讓所有人得到，我們才能為地球上所有人甚至是未來的世代，提供食物、住處和飲水。匱乏心態則是相信資源有限，你必須占別人的便宜才能得到你想要的——如果你吃東西，就會有別人餓肚子。這是以恐懼和負面心態為根據，也正是讓那些明明擁有資源和能力取得財富的人陷入貧窮的原因。

這種負面、以匱乏為主的信念都是從哪裡來的？包括父母、朋友、學校、老闆和媒體，都是負面心態的來源。他們就在我們的生活周遭，所以我們很容易就相信他們。如果我們不抵抗，他們就會影響我們的信念。同樣的，重點還是一個詞：心態。你可以完全控制自己的心態。你可以決定：「嘿，我控制自己的錢。我是百萬富翁。我有主控權和控制權。」

我有位朋友賺了數億美元、損失數億美元，然後他們又把錢賺了回來，就是因為他們的心態和很強的內控觀點。你可以把這個想像成溫度計。我想以川普當總統之前的事為例。他會對年薪十萬美元感到滿足嗎？才不會。他想的金額是億，他的溫度調節器設定得很高。相較之下，有些人只要能多賺幾千元就很快樂了。他們的溫度調節器就設定得很低。

心態是一個內在程序，所以我們可以控制它。一旦我們控制了自己的心態，就可以控制自己的信念。如果我相信世界上的機會很多，而且我只要善用這些機會就有掌控權，那麼這些機會自然會出現，因為我會開啟這些機會。我會去尋找機會，並且機會出現時我會注意到。

以下的範例說明該怎麼做。請回想你上次決定要買某輛車的時候。假設你決定買一輛本田的休旅車 Pilot，從那一刻起，你到處都會看到 Pilot。高速公路上經過你旁邊的車，每兩輛就有一輛是 Pilot。是 Pilot 的銷售量在幾週內忽然大增嗎？當然不是。這種心態造成的影響稱為「巴德爾邁因霍夫現象」（Baader Meinhof Phenomenon）。因為你對本田 Pilot 敞開心胸，大腦開始選擇性的注意你身邊的事。小時候我們全家人開車長途旅行時，我們會玩一種遊戲叫做「打金龜」。如果你先看到一輛福斯金龜車，就可以在兄弟姊妹的手臂上揍一拳。當你打開心胸去注意某件事，你就到處都可以看得到它。否則當你到了大峽谷，你的手臂早已被願意尋找金龜車的兄弟姊妹揍到瘀青了。

這就是你的心態對行為造成的影響，但你也可以利用它來幫助你。你只需改變心態，忽然間你會發現「嘿，路上有好多輛本田 Pilot」——這就是你現在的信念。為什麼？因為你的心態就是要來找這種車了。心態對你的財務也有相同的作用。如果你說：「嘿，外面有很多賺錢的機會。」然後你相信這個想法，你猜猜看會找到什麼？到處都是賺錢的機會，無所不在。只要你想要，你就有能力成為富豪，你現在就可以開始這麼做。

當你的心態是「我可以辦到。我可以開始打造不同的收入來源。我有一天可以不必再工作」，那你就開始相信它了，因為這在你新的世界觀中是真實存在的。當你的心態告訴自己：「這是個機會。」它就會影響你的信念並控制你的行為。當你發現你相信的事情成真，你的行為就會改變。當你發現有賺錢的機會，你就會開始存錢，善用這個機會。當你相信建立投資組合能讓你提早退休，你就不必再工作了，就算你仍在領薪水，也是自己選擇要工作——你的行為就此會變得非常不同，而且你會開始變得非常願意存錢，會從事很多投資。你會投入所有的時間，因為你相信你最終能得到財務自由。當你把心態、信念和行為加總在一起，就能得到你想要的結果。我保證。

這種事不會一夕之間發生，但是數學可以向你保證，如果你存錢並投資在高價值、會創造收益的投資上，那麼有一天你一定可以得到財務自由。就是這樣。

這種事不會一夕之間發生，但是數學可以向你保證，如果你存錢並投資在高價值、會創造收益的投資上，那麼有一天你一定可以得到財務自由。就是這樣。這是數學可證明的。要告訴自己：「我可以控制，我的心態來自我自己。」一直重複：「我的心態來自我自己，我的信念來自這個心態，我的行為來自我的信念。」專注於你的內在控制點。「我花時間學習如何善用金錢。我不會讓金錢控制我。」一直重複這句話：「我的錢為我工作。我會告訴它該做什麼」。

普遍的看法未必總是有道理

以我個人為例。我在二〇〇七年底搬到拉斯維加斯。你可能還記得，隔年股市崩盤，之後經濟開始衰退。拉斯維加斯市場受創特別嚴重，房地產價值跌了75％。當時我正投資於不同的社區，想要為我女兒找到好學區——只要是父母都會這麼做。我相信當我找到對的地方，重要的就是社區而不是學校。就算你在家自學，重要的是社區，還有和你互動往來的人。

因此，我想找到重視教育的社區。問題在於，我想要的社區房價貴得驚人，因為賭城的不動產價格當時已經漲翻天了。我很清楚，我並不想買那種價格過高的房子。我必須付出很多錢才能買到一間房子，但是我可以把這筆錢拿來投資市區另一邊的租賃用住宅，用這個來創造收入。

那裡有一些不錯的勞工階級社區，我知道我想要買那裡的房子。我可以把房子租出去，因為那裡的需求很高，但進入門檻對我來說較低，於是我買了幾間房子，讓房子為我創造租金收入。

後來，我沒有在我想要的、貴得驚人的社區買房子，我租了一間房子給家人住。我在本章開頭列出一些別人告訴我們的常見迷思，然後我們就信以為真。另一個迷思就是，一定要買房子當成你的主要住所——這未必是真的。我可以用低價租到房子，因為當時大家都在炒作房地產、蓋大房子，但是沒有租屋市場來支撐這些房子。人們只是因為市場很熱就不斷蓋房子或買房子，他們假設這個資產會持續飆漲，而且因為高端住宅的供給過剩，所以租屋成本便宜得嚇人。

我們租的房子後來價值如何？在房市崩盤時，房子的價值跌了一半，但我的房租仍不變。我租給別人的房子收入又如何？在不景氣期間，我的房租收入仍維持穩定，所以我的出租用房地產為我所住的房子支付房租。當市場開始復甦時，我發現我可能可以用我租屋的租金來買房子。因為當時的房價變低。

我不在乎。我知道我的每月經常性開支。我告訴自己：「我就是花這麼多錢在房屋上。」所以我就花這麼多錢。如果我能買到房子，很好；如果我能租到房子，那也很好。對我來說並不重要。因為我對房子的看法不同，我不把房子當成資產，我把房子當成負擔。

我控制自己的錢；錢不能控制我。我不同意一般人所說，你必須有自己的房子（還有房貸）才算是事業有成。我也想要擁有自己的房子，或許我只是不想要扛一大筆房貸，就算我想，我也會確保這筆錢有其他用途，並且幫我賺的錢比我的花費還要多。

我需要為自己和家人在條件好的地區提供住所。我辦到了嗎？是的。我住在很好的社區嗎？是的。我和鄰居一樣受到經濟衰退的衝擊嗎？沒有。我有出租用的不動產，無論如何這筆資產支付給我的房租，讓我用來支付我租屋的房租。

一切都來自內控觀點的心態，就只是相信自己能控制情況。以我的例子來說，我控制我的狀況。如果我聽信別人的話，我可能就會買房子，然後虧損一大筆錢。重點是確保你的心態是正確的。

心態就是起點

如果你在本章沒有學到任何東西，至少相信一句話，而且你應該一直重複說這句話：「我相信是我在控制錢，錢不能控制我。」富人和窮人之間最大的差別，就是控制點。窮人不相信他們能控制金錢。窮人通常都有被害者心態。

我認識有些人曾失去一切，然後又賺了回來，因為他們把財務狀況視為挑戰，而且他們知道自己可以控制情況。你也可以控制自己的情況。

你可能會遭遇挫折。大部分的人都會。這世上充滿挫折，也有很多經歷破產又賺大錢的人，例如華德・迪士尼（Walt Disney）、艾爾頓強（Elton John）和川普（Donald Trump）都是這樣的人。3M在發跡前，本來是個破產的礦場；巴菲特（Warren Buffett）接手一間財務搖搖欲墜的公司，變成如今的波克夏海瑟威公司。

你可以控制金錢。以個人來說，你可以選擇要拿錢來做什麼。我知道通常你感覺並非如此，但如果持續做一些小事，你就會看到結果，而且會是正向的結果。假設你只是每個月持續存下十美元，長期下來這筆錢最後會變成一筆很大的基金，並提供你很多收入。重點是相信、接受、以及決定你可以做什麼？

為人父母的人，請不要再告訴孩子你以前聽到的老話了——錢不會從樹上長出來？其實會的，去問問果園或是木材廠的老闆就知道了。你必須有計畫，掌控自己的金錢。請把這樣的心態傳遞給你的孩子。你控制自己的金錢，你控制自己的投資。你必須留一點錢來投資。這是自己決定的。這是你的人生，你可以選擇自己要做什麼。

如果你從孩子還是青少年時就開始幫助他們了解這一點，那他們就會比其他人更早起步，因為金錢的時間價值是以指數成長的。只要孩子在年輕的時候就開始存錢，數學可以肯定的告訴你，當他們退休時就更有可能得到財務自由。

你的信念會改變你的行為，因為現在你知道你有控制權了，而且你相信只要你這麼做，只要你持續投資，長期下來就可以得到很棒的結果。你只要這麼做就夠了。把開關打開。

第四章 如何計算你的所得差

法蘭克仍清楚記得他說「完了！」的那一刻。那天晚上，他太太為他舉辦五十五歲慶生派對。他們的習慣是，不要像其他人一樣慶祝尾數是零的「大壽」，所以他們在尾數是五的那一年辦個小小的慶生派對——在他們家稱為「五分錢」生日。派對並不鋪張，只是在一個愉快的夜晚和二十位左右的親友歡聚。

派對上，好幾個人分別和法蘭克聊天，問他：「你打算再工作多久？」那天晚上，法蘭克無法入眠。他無法不去想那個「再工作多久」的問題。他一直認為自己會在軟體公司擔任高階主管，直到不能再做下去為止。他喜歡這份工作，但他開始和他認識而且已經退休的人比較。他們全都維持忙碌的生活，肯定也有足夠的錢可以支付生活費。

因為睡不著，法蘭克走下床，坐在廚房的餐桌前開啟筆電，然後開始計算他何時可以退休。他想要算出自己的淨值，但他不確定該怎麼做，所以他建立了一個兩欄的試算表。在左欄中，他列出收入（他的薪水、太太的薪水、他的股票帳戶所得）。他們的退休帳戶呢？那些是資產嗎？房子的淨值呢？房貸已經繳了三分之二了，這樣應該算吧？在右邊那一欄，他則列出負債。他很意外的發現，自己其實不知道欠了多少錢。他列出卡債、房貸，還有當他太太決定半路轉職並修習碩士學位時申請的助學貸款餘額。

右欄比左欄的金額高得多。法蘭克很快就發現，他無法退休的原因是他必須償還債務。償債的感覺好像他想跑到終點，但是終點卻越來越遠。

到目前為止，我們學到了財務牢籠是什麼以及牢籠的意義。我們也學到了富人和窮人之間最大的差異。現在是時候做法蘭克想做的事了——開始計算。在本章中，你會學到如何計算你的所得差。金融服務業有三個重要的規則：第一個規則就是計算；第二個規則和第一個規則很像，就是計算；第三個規則就是……你已經猜到了，就是計算。

修女（和國稅局）教我的事

英文的「稅」（tax）這個字來自拉丁文的 taxare，意思是譴責某事或表達嚴厲的反對。我念的是天主教學校，有些課的授課教師是修女。修女很有趣，偶爾有修女會痛打學生（厚尺＋手＋身體）來表達她嚴正反對某件事。只要有人做蠢事就會挨打。另一方面，如果有人做了很棒的事或是對大眾有益的事，則會有人摸摸他的頭，或是讚美他，以正向強化他的行為。你想要得到哪一種?被痛打，或是被摸頭?

國稅局也一樣。國稅局會懲罰你的某些收入。舉例來說，如果你為麥當勞辛苦工作賺錢，你很快就會發現你要繳各式各樣的稅——聯邦失業稅（Federal Unemployment Tax Act，FUTA）、州失業稅（The State Unemployment Tax Act，SUTA）、老化、死亡和生存、聯邦醫療保險（Medicare）、聯邦稅預繳、州稅預繳。似乎你還沒拿到錢，就已經先被每個人分了一杯羹。

小時候我曾在麥當勞打工，當時的時薪將近四美元。如果我工作四十小時，我應該會領到一六〇美元的支票吧。但你猜猜發生什麼事?當我收到支票時，實際的金額低很多，因為預扣稅金、勞工賠償保險、社會福利稅，還有各種我不了解的其他費用和稅。當我看到支票中被扣除的錢時，我覺得自己好像被「痛打」了一頓。你很有可能也被國稅局痛打了好幾下。

我們來看看有錢人的情況，做一下比較。他們出售不動產賺到數十萬美元，但他們根本不用因此繳稅，因為他們把這筆錢投入更多的不動產之中。他們賣房子賺錢，然後買更多房子，而且你猜對了——他們不必繳稅。當他們過世時，不只不必繳遺產稅，他們的繼承人還會收到大額的減稅*。他們不會被痛打；他們會被國稅局摸頭。

好消息是，我們可以追蹤各種類型的收入，看看美國的有錢人們都是怎麼賺錢的。

*【台灣制度的差異：出售不動產的稅金】以往出售不動產時，不但只就「房屋」部分併入個人綜合所得課稅，「土地」部分僅課土地增值稅，不課所得稅，而且若是交易年代較久遠的房屋，取得成本和費用都不易查證時，更只能以偏低的房屋評定現值設算所得。有鑑於民眾對於房地產炒作的疑慮，政府過去幾年來逐步推動多項房地產的租稅措施。二〇一二年八月一日實價登錄上路後，政府已能掌握不動產交易價格，實價登錄後取得的不動產已不太可能僅以房屋評定現值來計算所得。二〇一六年一月一日「房地合一」新制上路後所取得的不動產，改適用「房地合一」新制課稅，「房屋」及「土地」均必須課徵所得稅，採分離課稅，依持有期間及是否自住，稅率10~45%。房地合一稅2.0於二〇二一年七月一日上路後，不但延長短期持有的定義，更將預售屋、特定股權交易及公司之不動產交易，均納入房地合一稅制度課稅。（鄭惠方／惠譽會計師事務所主持會計師）

好消息是，我們可以追蹤各種類型的收入，看看美國的有錢人們都是怎麼賺錢的。你猜猜我接下來要說什麼？他們不會因為收入而一直被課稅。事實上，他們只有少部分的收入會被課稅。他們大部分的所得來源，都是會被國稅局獎勵的所得。

你要自己決定：你想被打手心，還是想被摸頭獎勵？如果你想被獎勵，請繼續讀下去，因為接下來要討論的投資類型是有優惠稅率的類型，你可以因此得到很多獎勵。如果你喜歡被懲罰，那我就幫不了你，但是國稅局肯定會很愛你。

有時候，券商會害你變更窮

我想問一個問題：二減三等於五，對不對？不對，當然不對。這是錯誤的數學。問題是，你的券商可能對你就用這種錯誤的計算方式。

我有一位客戶是微軟早期的員工。她的錢多到可以支付生活費和從事慈善活動，她希望下半輩子都能從事慈善事業。有一天她邊哭邊打電話給我，她說因為券商害她「退休後又得回去工作」。她的夢想忽然破滅了，她現在只擔心下半輩子的生活。她甚至沒有足夠的收入可以支付開銷，因為券商說服她，二減三等於五，讓她投資一些很不好的標的。

你必須自己計算。數字是我們的朋友，但是我們必須能定義數字，因為券商和其他人會利用暗語來對付我們。他們會讓我們分心和混淆我們。如果有人說，某項投資可以讓你賺錢，最好是指能讓你銀行帳戶裡的金額增加。如果銀行帳戶裡的金額變小，那二減三就等於負一，二減三不會等於五，對吧？你只要自己算一算，就可以發現券商是不是給你錯誤的結論。

定義術語

如果要自己計算，我們就必須先搞清楚一些非常基本的財務用語。我們先從**所得**這個詞開始。這是其中一個完全和字面意思相同的詞——你所得到的錢。下一個詞是**支出**——支付的錢。不要跟我說：「我有所得，因為我持有的股票價值上漲。」這個概念的問題出在，你還沒賣掉。根據我們的定義，這根本不是收入。它沒有支付你任何東西，沒有把錢放進你的銀行帳戶——除非你把它賣掉。

資產是會創造所得的東西。但如果你聽銀行員的話，他們會說任何有價值的東西都是資產，他們會告訴你，你的休旅車、轎車和房子是資產。不對，這些都不是資產，這些是非常大的負擔。在「無限世界」中，資產是會付錢給你的東西，負擔則是會讓你花錢的東西。

我們計算之後，就可以知道負擔是什麼。負擔就是每個月或每一季或每年從我們銀行帳戶中扣款的東西。它不會把錢存進去。只要你的帳戶沒有變大，那就不是資產，而是負債。我才不管銀行員和券商怎麼說。

本金就是基礎。如果我有十萬美元投資於某個標的，這就是我的本金。如果我借錢或貸款，本金就是原始貸款的價值，**利息**是你根據借來的本金要再支付的錢。反過來說，就是你把錢借出去所收到的收入——這就是鼓勵。此外，你的利息收入可能不必支付某些類型的稅。這又是一次鼓勵。這表示你要賺取利息。你不想要支付利息給別人，這是懲罰。

我們必須知道兩種利息。**單利**，表示按本金每年支付一筆固定金額。如果你借十萬，利率4%，你每年就要支付四千美元。如果你沒有支付十萬四千美元，那隔年你就欠十萬八千美元。你不是按十萬四千來支付4%，而是只支付本金的4%。同樣的規則也適用於賺取單利的投資，你按本金每年會收到一筆固定的金額。如果你投資十萬，利率4%，每年就會賺進四千美元的利息。

能讓投資人賺到很多錢的方法之一是**複利**。如果你的十萬美元投資支付你複利，這表示你是按本金收取利息，利息就是你的獲利。如果你投資十萬美元，每年複利率4%，那你第一年會賺到四千美元。但是第二年賺到的是十萬四千美元的利息，也就是4,160美元。雖然看起來不多，但是長期下來雪球會越滾越大。

我們來比較一下單利和複利的差別。在這兩種利率的情況中，你都是投資十萬美元。領取單利二十五年後，你的投資價值變成原本的兩倍，也就是二十萬美元——還不錯。如果你以相同的利率投資相同金額，但是以複利計算，那麼你的初始投資過了二十五年後，價值會是266,584美元。

但複利也可能對你不利。如果你有信用卡債，你根據每個月的還款餘額繳交複利。根據聯邦準備理事會二〇一九年第四季的資料，平均信用卡利率是14.87%。事實上，二〇一九年的利率是一九九〇年開始記錄以來最高的[1]。這還只是平均利率，高一點的利率到25%。你看得出來這些利率、複利和未繳的餘額，很快就會讓人陷入危機。財務困境是婚姻最大的殺手之一，而且會造成財務困境的通常是信用卡債。複利只會一直變大，你會覺得永遠也還不完。你可能以為人們早就注意到這個龐大的坑洞，並避免卡債，但並非如此。《華爾街日報》曾報導，信用卡債在二〇一九年底創新高[2]，還不出卡債的人數也增加——尤其是年輕的信用卡使用者。

據信愛因斯坦曾說：「複利是世界第八大奇蹟。了解的人就能賺取複利，不了解的人就要支付複利。」所以，你要避免支付複利，並找到辦法賺取複利。怎麼做才能賺到複利呢？有一些投資標的會持續以複利計算。這種投資標的會根據經濟狀況持續成長。

如果你看的是配發股利的股票，那個股利應該要每年增加。這筆錢會變得越來越多，每年都在以複利成長，所以相較於你當年花小錢買股利3％或4％的公司股票，三十年後它每年會支付你100％的股利。

因為你的錢每年以複利計算，長期下來是以指數成長。頭幾年看起來可能不多，但是當你放得越久，金額就會變得越大，而且持續驚人的成長。如果你是支付者，費用就會越滾越大，對你很不利；但如果你是收款者，這筆錢會越滾越大，對你有利。你不想支付複利，但你絕對要賺複利。

你的**淨值**就是所得扣除支出的差額。假設你一個月賺一萬美元。你花掉七千美元。你的淨值就是一萬減七千，也就是三千美元。你的淨所得就是你剩下的錢。

為了更了解所得和支出的關係，我們要更深入研究一下。首先來看看所得。根據美國國稅局的資料，所得分為八種。

➔ 薪資：這是你工作賺到的錢。
➔ 獲利：這是你做生意賺到的錢。
➔ 租金：你讓別人使用資產所收到的錢，例如房租。
➔ 版稅：通常是從智慧財產所賺到的錢。說實話，很少人能收到版稅，除非你寫了一本書、創作音樂或是軟體。

- 股利：這是大企業（capital-C corporations）給你部分獲利的錢。美國的股利所得稅率是其他所得稅率的一半。*
- 利息：這是本金幫你賺到的錢。如果你借錢給某人，對方除了還你本金，還要每個月支付你事先同意的金額，你就會賺到一點利息所得。
- 短期資本利得：是指當你出售有價值的東西的所得。不動產是個很好的例子。如果你買一間房子並在一年內出售，那就是短期資本利得（short-term capital gains）。
- 長期資本利得：如果你持有那間房子超過一年，那就是長期資本利得。

---

*編按：在台灣，股利所得會被納入隔年的個人綜合所得來課稅。按財政部現行的制度，股利所得可分成「合併計稅」和「單一稅率分開計稅」兩種方式課徵，投資人可以擇優申報。

不是所有的所得都有相同待遇

國稅局並非對各種所得類型一視同仁，這就是打造無限所得的重要因素。在美國的系統中，以下三種所得來源分屬三種不同的類型。*

不好的類型：薪資被國稅局懲罰的程度最大。如果你在麥當勞工作，一年賺三萬美元，你等於被打很多下，因為你要繳的稅包括年長、生存和失能險，稅率為14.1%。麥當勞幫你付一半，你要付另一半。至於聯邦醫療險，麥當勞付一半，你付一半，2.9%。以下這些你要付全額：聯邦失業金、州失業金、勞工賠償金、還有勞工與產業稅。你都還沒領到錢，這些就全都先從你的薪資中被扣除。你還要支付聯邦所得稅預扣款，如果你所在的州有州所得稅，你會被扣掉預扣款。這表示如果你的週薪是四百美元，你可能領到三三〇美元或更少。

另一個會被美國國稅局重懲的所得，是自雇者的所得。如果你為自己工作，而且公司只有一個老闆，懲罰就開始了。首先，你會更常被稽核。第二，你無法得到所有你有權得到的減稅優惠。第三，你不能採取實報實銷的方式，

＊【台灣制度的差異：不同所得來源的稅率差別】我國所得稅法將個人所得分為十大類，並以全年下列各類所得合併計算，做為個人的綜合所得總額。十大類綜合所得分別為：

1. 營利所得：所獲分配之股利、盈餘等。
2. 執行業務所得：律師、會計師、建築師、技師、醫（藥）師、著作人、經紀人、代書和表演工作者及其他以技藝自力營生者的業務收入或演技收入。
3. 薪資所得：薪金、俸給、工資、津貼、獎金、紅利及各種補助及其他給予。
4. 利息所得：公債、公司債、金融債券、各種短期票券及金融機構存款利息所得。
5. 租賃及權利金所得：房屋土地等財產出租收入及智財權權利金所得。
6. 自力耕作、漁、牧、林、礦之所得：自力耕作、農牧林礦之所得。
7. 財產交易所得：個人出售房屋、股東出售出資額。
8. 競技競賽和機會中獎的獎金：參加競技競賽。
9. 退職所得：退休金、資遣費、退職金、離職金、終身俸等。
10. 其他所得：福利金、員工認股權證時價超過認股價格之差額。

個人所得稅，除了上述十類每年五月申報的綜合所得稅之外，還有最低稅負制及分離課稅制度。「綜合所得稅＋最低稅負制＋分離課稅」，才構成完整的個人所得稅制。最低稅負制，是為了使過度適用租稅減免規定（例：個人海外所得免所得稅）而繳納較低之稅負，甚至不用繳稅的公司或高所得個人，都能繳納最基本稅額的一種制度。「分離課稅」，是指將某部分所得排除於合併申報的綜合所得總額之外，以一定稅率課徵繳納所得稅，完稅後便不用再納入綜合所得稅中計算稅額。採分離課稅計稅的金融商品，大多只課徵10％稅率且不併入綜合所得總額，納稅義務人適用綜合所得稅率越高，善用分離課稅就越有節稅空間。（鄭惠方／惠譽會計師事務所主持會計師）

因為你屬於收稅不利（tax disadvantage）者。第四，你賺的每一塊錢都會被課徵自雇稅。各種稅務懲罰根本沒完沒了。

比較好的類型：相較之下，租金、版稅和利息收入都還好。這些收入不必繳交社會安全稅或聯邦醫療保險。但是版稅、利息和短期資本利得的課稅級距和一般收入一樣，所以雖然這類收入算還可以，但不夠好，你仍要按照課稅級距繳稅。雖然你不必繳很多種稅，但還是要繳一些稅，而且這不是最好的稅率。那麼就稅賦來說，哪一種收入才是最好的？

無限類型：最好的收入來源是不動產。我和家人可能永遠不必繳不動產稅。也許我名下有一個不動產，價值可能從一美元漲到一千萬美元，而我完全不必繳稅，稅金是零元。但是在麥當勞賺四百美元的人要繳的稅比我還要多，我賺的是一千萬美元。這就是不動產。國稅局就是在告訴你，要投資不動產。

股利呢？股利收入的長期資本利得稅率可能是0%、15%或20%，視你的課稅級距而定。

如果你在最高課稅級距，聯邦政府稅率就是37%，那麼你的股利收入課稅級距就是20%。如果你屬於最低的課稅級距，0%，那股利要繳的稅就是零元。長期持有的固定資產出售的稅率也是這樣。

你的長期銷售資本利得最高聯邦所得稅率是20%。如果以個別納稅人來說，賺同樣金額的錢，但不是長期資本利得，你的課稅級距起點是37%，再加上老年、生存和失能及聯邦醫療保險，還有任何其他適用的州稅、失業金稅、勞工與產業稅，也許還有一些別的。如果你賺到的是薪水而不是出售固定資產，這些稅都是在懲罰你。但是出售固定資產，你只要繳一半的稅金，有時候甚至不到一半。

關於持有資產需知的一切，都可以從「大富翁」裡學到

我的資產持有期間是「永遠」。我不想出售資產。你玩過大富翁嗎？一開

始的時候，當你走到還沒有人置產的格子時，你會做什麼事？不管有什麼就買什麼——這就是在累積資產。如果下一輪換你時，你就把資產出售變現呢？那你會輸。想要贏，就不能出售資產變現。你要持續讓資產增加。你可能會策略性出售某樣東西以投資於別的東西，這樣你才可以擴張和創造更好的資產，例如蓋一間飯店。

但是，如果把長期固定資產賣掉變現，就不是在打造無限財富。現金不是資產，除非它能幫你賺錢，但如果把錢存在你的支票帳戶裡，它就肯定不會幫你賺錢。還有通膨的問題，我們暫時先不談這個。只要你出售資產變現，你就不再擁有資產和資產創造的現金流。記住，你要做的是累積資產，讓資產付錢給你。這就是我前面說過的「無限類別」。其他類別呢？我稱之為「扛來的類別」，這借用自我讀過的一篇理財寓言故事。我相信這個故事是某個理財規畫師寫的，這故事非常有效的闡明重點。

記住，你要做的是累積資產，讓資產付錢給你。

很久很久以前，有兩個叫做布魯諾和帕布羅的人，他們生活在缺乏水源的義大利小村莊。村中有一個水池，所有村民一起出錢把水池裝滿水。村長向當地人徵求建議，請村民從兩英哩外的泉水扛水倒入池中。布魯諾和帕布羅交出了提案，兩人贏得這份工作，每扛一桶水就賺到一個硬幣（在那個年代這是筆不小的金額）。

他們開始從泉水把水扛回村子，而且他們一天可以扛二十桶。扛水是很辛苦的工作，但他們賺了很多錢。事實上，以當地人的標準來看，他們變得很富有。

有一天布魯諾告訴帕布羅：「我想過好生活。我要出外用餐，過好日子。」那個年代還沒有車，所以他買了一頭好驢子，所有人都羨慕他。有一天帕布羅對布魯諾說：「我們挖個溝渠吧，我們可以在溝裡放一根管子，把我們需要的水全都運過來，這樣我們就不必再扛水了。」

布魯諾說：「絕對不行。我們有很好的工作，我賺了很多錢，為什麼要打亂這個計畫？」他們還是繼續扛水。但是帕布羅用他的錢在泉水和水池中間向農夫買了一些土地，然後每天晚上當他扛完水後，就會去鄉間挖溝渠。他緩慢而穩定的挖著，一年後，他已經挖到一半了，然後他把水管安裝在挖到半路的溝渠裡。忽然間，他不必再走那麼遠扛水了。他可以減少一半的扛水時間，而且可以將獲利翻倍。

帕布羅繼續把水管鋪設到水池。那布魯諾的錢呢？村民不再需要布諾諾扛水了。水會直接流到水池裡，而且帕布羅擁有這些水管。帕布羅有一個可靠的收入來源，不需要再扛水了。

如果他現在把水管賣了會怎樣？他會一下子賺到一大筆錢。帕布羅非常清楚他不想賣了水管。他投資了時間和勞力在挖溝渠，現在水會一直流進來，他也會一直收到錢。如果你建造一條水管，猜猜看你再也不需要做什麼了？你再也不需要打水了。

你可能會說：「我喜歡打水。這樣能讓我維持身體健康、到外面走動，而且村民也會喜歡我。」就真實的工作來說，這是什麼意思？也許你喜歡教書，或是做任何你正在做的工作。我了解。我喜歡我的工作，我也喜歡教學，所以我會一直教下去，而且我有很多「無限收入」一直進來。這些收入讓我能做我想做的任何事。

有錢人都是怎麼做的？

我們現在來看看有錢人，試著了解他們都是怎麼做的。你可以先從研究國稅局每年出版的《國稅局資料簿》（*IRS Data Book*）開始，這份資料供所有人索取[3]。裡面的內容會告訴我們，年收入超過一百萬美元的人當中，有36%的收入來自「無限類別」——17%是資本利得，47%是租金、版稅、股利和利息。這些都是被動投資得到的獲利。

有錢人不會做什麼事？把能創造收益的資產賣掉。因為這是他們收入的主要來源。他們大部分的錢是怎麼來的？就是靠這個資產類別——這就是無限收入。他們只有略高於三分之一的收入是來自工作，他們還是會繼續工作，但這不是他們主要的收入來源。主要收入是來自「無限類別」。他們可能還是有薪資所得，但通常是有原因的。比如他們想符合某些借貸資格，或者可能把這筆錢放在延後課稅退休計畫中（tax deferred plan）。

有些人還是想要有薪資所得，原因可能很多。有時候他們就是必須要有這筆收入，可能因為他們是公司老闆，視公司的類型而定，他們必須領取公司的薪資，但這只占他們所得的一小部分。這一切都回到之前說的，心態。一旦你相信你也有可能做到、了解怎麼運作，加上當你看到這些資料，就很難否定這種方式的效用。

我們來看看一些其他的統計資料。年收入超過一百萬的人：

↓ 65%的人有至少三種不同的收入來源。
↓ 45%的人有四種收入來源。
↓ 29%的人有超過五種收入來源。

你想想看：三分之二的有錢人有至少三種收入來源。你想當有錢人嗎？我建議你至少要有三個收入來源。開始累積吧：租金、版稅、股利、利息、資本利得……長期和短期的都要，這些所得全都來自資產，而不是工作的所得。換句話說，你不是在用時間來換錢。資產自己會賺錢。那些收入來源不需要你做任何事，你不需要扛著水桶才能賺到這些錢，因為這是水管送來的錢。你也可以繼續工作，但那是因為你想要工作。你沒辦法，因為你的專業性非常高，你可能只是擔任顧問而已。

我最喜歡的故事之一是布萊恩．崔西（Brian Tracy）的事，他說過一個關於顧問的故事。有一個電廠發生了嚴重問題，電廠沒有一個工程師能解決。有一位顧問是排除疑難雜症的專家，在業界眾所周知，可以解決他們正面臨的問題。當他們找上他時，那位顧問開價：「一萬美元。我明天就過去。」

他來到電廠，走進一間房間，然後花了一點時間檢視一連串的螢幕和讀數。他進行一項測驗後，說：「換掉那邊那個保險絲，問題就解決了。」然後他就走了。他在電廠裡只待了三十分鐘。當他寄出一萬美元的請款單時，電廠經理說：「太貴了。你只來了半個小時，為什麼我得付你一萬美元？」那位顧問說：「沒關係，不要付我的鐘點費。」

然後他把請款單改成這樣：「時間：零元。知道問題在哪裡：一萬美元。」這個故事的啟示是，他擁有非常精確的知識。有時候你可以賺很多錢，是因為你有很明確的知識——這就是那36%的收入。不是麥當勞的時薪，而是知道如何成為麥當勞的顧問，並讓他們付你一大筆錢買你知道的事。

無限計算

為了幫助你更容易計算，我們開發了「無限計算機」。輸入你自己或是你和配偶／伴侶的收入來源後，這個應用程式會自動幫你計算。這個計算機就在我們的網站：andersonadvisors.com/infinity-calculator/

如果你還沒開始使用這個計算機，那麼我來解釋一下無限計算的基本方法。

月收入總額：首先，加總你的收入來源。如果你有配偶或伴侶，也要加入他們的收入金額。收入總額應該包含所有的來源，包括下表的項目，還有你的其他收入來源。

- 薪資
- 小費

↓佣金
↓紅利
↓利息
↓股利
↓公司的淨利
↓出租房產的淨利
↓贍養費收入
↓個人退休帳戶（IRA）所得
↓退休金收入
↓退伍軍人福利金
↓失業救濟金
↓版稅收入
↓其他收入

月收入總額 $______

在編輯你的總收入清單時，要考慮幾件事。如果你開公司賺的錢是你的報酬，也要列入這一項；還有出租的淨利。我為什麼說是出租的「淨利」？這是因為我們要知道的是流入帳戶真正的金額。如果你收到的租金是一個月一千美元，但你的不動產經紀人會扣掉10%，再加上一些修繕和其他雜項支出，你的淨收入就只有五百美元。請記住，我們是按月計算這個項目。如果有一筆收入是每季收到一次，就要除以三；如果你每年收到一次，就要除以十二。

每月支出總額：在本書前面的章節中，我們討論過想要和需要。現在我們來看看想要的支出。在計算支出時，許多人傾向忽略一些讓他們花錢的東西。請記住，你列出的項目越精確越好。不論金額有多小，都別忘了加入所有項目。

↓租金支出
↓房貸
↓公用事業（水電費）
↓屋主或租屋的保險
↓居家修繕費
↓房產稅
↓有線電視／網路
↓串流電視服務
↓行動電話
↓車貸月繳額
↓汽車保險
↓瓦斯（天然氣）
↓火車、公車、共乘和其他交通工具

↓雜貨／食物
↓信用卡費
↓定期付費的合約支出
↓贍養費
↓子女扶養費
↓保姆費
↓慈善／宗教機構（捐款）
↓醫療支出
↓牙齒治療費用
↓處方箋藥物
↓人壽保險
↓長期照護險
↓個人保養費用

➜ 休閒娛樂
➜ 健身房會費
➜ 嗜好支出
➜ 度假／旅遊
➜ 乾洗／衣服洗滌
➜ 假期／生日禮物
➜ 其他支出
每月支出總額 $＿＿＿＿＿＿＿＿

計算機可以幫助你了解有哪些支出是多餘的。你可以省下哪些不需要的花費嗎？你可以省下有線電視的帳單嗎？你可以省下看電影或去夜店的錢嗎？我了解你可能不想省下這些支出。但是緊要關頭時，你可以放棄這些嗎？這些是你並非真正需要的持續性支出嗎？你忘了哪些已不再使用但還在繳費的服務呢？檢視你的支出清單，把可能是多餘的項目上頭畫個星，你可以把多餘的項目從每月支出總額中扣掉。把你想要的減掉多餘的，就是你需要的。

很重要的是，這樣做可以讓你知道只要你想要就可以做到的事。如果你願意只花錢做需要的事，而不花錢做你想要的事，你大概很快就能增加可用於「無限投資」的金額，最後過著你以前都認為不可能的好生活。現在我們只是在做收入對帳單，也就是把收入減掉支出。

每月收入總額 $ ______

－每月支出總額 $ ______

＝所得差 $ ______

所得差：我們以瓊斯夫婦為例，他們每個月賺七千五百美元。他們需要花六千五百美元，所以他們的淨收入是一千美元。$7,500 － $6,500 ＝ $1,000。

這就是他們的所得差。當瓊斯夫婦檢視並調整想要的東西清單時，他們發現自己可以相對無痛的每月減少一千美元不必要的花費。這麼做就讓瓊斯夫婦的所得差增加一倍，來到二千美元。

現在就開始動筆寫下數字，計算你的所得差吧。一定要花點時間計算自己的數字，才能設定一個目標。這就像減重一樣，你需要了解自己目前的體重和你想要達成的體重目標。你必須設定可以量化的目標。希望你的結果是正值，如果算出來是負值，那你就有工作要做了。如果是正值，你馬上就會感覺充滿希望。

一開始的「無限計畫」可以是任何金額，就算只有十美元也要養成固定儲蓄的紀律。把你收入差中的非必要花費用來投資。我們有一個智囊群組，裡面有一些二十幾歲參與「無限投資」的年輕人，他們收到的被動投資收入，金額比他們的所得差還要高。想和他們一樣有兩個辦法：你可以提高投資所得的金額，或是減少支出的金額；或是同時做兩件事。群組中有一位年輕人和他太太過著非常節儉的生活，所以他們已經沒辦法再減少支出了，但他們還是努力提高投資獲利的金額，而且這個念頭讓他們馬上就做了一筆他們原本不會做的投資。

他們不理會媒體或其他人說可能「比較好的」投資標的是什麼。他們的立場是「這麼做，我們就不必再工作了。我們現在是工作的志工。這麼做，我們就再也不必擔心我們的生活需求了。我們有足夠的收入，我們知道自己有房子、有飯吃、有地方住，還能滿足生活的基本需求。」他們的心態正是自己可以控制自己的金錢，而且不會被沒有受託責任的人給誤導。他們看得出來什麼東西很划算，因為從他們仔細計算的所得差可以看出來很合理。他們辦得到，你也可以。

第五章

計算淨值的老方法

（以及應該棄用的原因）

南希通常只會瞄一眼銀行和券商寄來的對帳單。她承認以前收到紙本對帳單時，比較會去仔細研究。以前她也比較沒有錢，所以對每一塊錢都會很小心。現在她收到電子郵件時，因為每天似乎有上百封郵件，收到其中一封通知她應該登入帳戶檢視對帳單的信，她覺得好像很麻煩。她從來沒有仔細看過對帳單的內容——她只看對單帳最上面的數字，而且她習慣只看摘要的部分，例如帳戶裡有多少錢，以及金融機構告知她的投資績效如何。

一月的某一天早上，她做了一件自己也沒想過會去做的事：她早上泡咖啡的時候登入帳戶，並花了好幾個小時查看、仔細檢視帳戶細節。她查看了銀行帳戶、券商帳戶、退休帳戶，還有她為孩子開設的五二九計畫*帳戶。

美國前一年的經濟很好。標普五〇〇指數飆漲，她大部分的持股價值都很高。但她發現到有件事怪怪的。每一個帳戶都呈現過去一年來的成長百分比，但是當南希自己用計算機計算時，發現一些令人不安的事情。

她帳戶裡的金額比對帳單裡宣稱的獲利還少。某些帳戶的金額和對帳單很接近，但特別是在她的券商帳戶裡，實際金額比百分比計算出來的還要少。南希很困惑也很擔心。出了什麼問題嗎？她的錢都到哪裡去了？為什麼這麼奇怪？

---

* 譯注：529 plan，是美國各州政府或教育機構設立的優惠稅率教育金儲蓄帳戶，以美國稅收法第五二九條命名。

心在哪裡，家就在哪裡（通常錢也在那裡）

本章中，你將學習過去計算淨收入的方式，以及為什麼要拋棄這種計算方式。我稱之為計算淨值的老方法，因為它很過時而且不精確。為了了解這個方法，我們要深入了解淨值。在第四章中，我們看過了收入和支出對帳單，現在我們要專注於資產負債表的另一邊，也就是我們記錄資產和負債的地方。我們會檢視銀行認為什麼是資產、什麼是負債，以及為什麼他們都錯了。

我們將學習這個假象如何囚禁人們。你將會恍然大悟。如果我請你說出你名下最大的資產，你會說什麼？十之八九人們會說是他們的房子。我也聽過例如黃金、個人退休基金帳戶、車子或旅行車，或是一九五二年的米奇·曼托（Mickey Mantle）棒球卡。銀行也是這麼認為的。而且當你在看資產負債表時，他們就告訴你這些叫做資產。問題是，這些東西不只不是資產，而且還會隱藏你的負債。我們稍後會討論這一點。

但首先，我們先用老方法來了解一下。這能幫助我們算出一些數字，並釐清一些事情。請列出你認為是資產的清單，別忘了列入像是：

- 支票帳戶餘額
- 存款帳戶
- 股票（非個人退休帳戶或401(k)帳戶）
- 債券
- 既定的退休金
- 401(k)退休帳戶
- 應收帳款
- 人壽保險的現金價值
- 即將收到的退稅金
- 遊艇

- 休閒娛樂用車輛
- 度假用的房屋
- 汽車
- 房子
- 出租用房產
- 個人退休金帳戶
- 居家擺設
- 收藏品
- 工具
- 其他資產

總資產 $________

不論是什麼，不論價值有多少，如果你可以出售換成現金，就可以列在上面。我要再次強調，你可以用我們網站上的「無限計算機」來計算。如果你去年已經列過一次所得清單，可以從這張清單開始。你也可以從最近的房貸申請開始。

另一方面，如果你欠某人錢，這就是負債。在這個清單上，要列出的項目包括：

- 個人住宅的房貸
- 出租用房產的房貸
- 度假用房產的房貸
- 汽車貸款
- 娛樂用汽車貸款
- 遊艇貸款
- 醫療帳單

- 牙醫治療費
- 信用卡費用（Credit card balances）
- 其他循環信用
- 或有負債
- 應付稅額
- 判決應付款
- 大學助學貸款
- 欠別人的錢
- 合約應付帳款
- 其他負債

負債總金額 $＿＿＿＿＿＿＿＿＿＿

別忘了加入為孩子報名課程或活動，或是為別人擔保的負債。如果你在為配偶或伴侶列出負債，就要納入兩人的所有義務。我們要加總所有的項目才能計算你的總負債。計算的結果會給你一個淨值，你的總資產減掉總負債等於你的淨值。舉例來說，假設你的資產總值是五〇萬美元，你的負債總值是二〇萬美元。利用老方法計算，你的淨值是三〇萬美元。

總資產 $\$$ ______________
－總負債 $\$$ ______________
＝淨值　$\$$ ______________

老方法的問題

這個計算方法完全是錯的，而且原因非常簡單。你可能有一間很大的房子，價值是一百萬美元，而房貸是五十萬美元，所以你覺得淨值是五十萬美

元。但淨值真的有那麼高嗎？萬一隔天你失業了，你真的能用房屋淨值借到錢嗎？不行，因為你已經沒有工作了，而且你的房子是假的資產。你失業了，但還是要付房貸、水電瓦斯、屋主保險還有房屋稅。你原本以為是主要資產的這間房子，忽然間變成一個龐大的負債，而且甩都甩不掉。我看過無數次客戶陷入財務困難，因為有人告訴他們，最大的資產就是他們的房子，他們以為買最大的房子，就能創造最多資產。但正如那句老話所說，就算你餓了，也不能把房子給吃了。

就算你餓了，也不能把房子給吃了。

汽車和房子一樣是負債。資產是會把錢存進你的銀行帳戶的東西。你可以用這筆錢來買生活雜物，那就是資產。如果可以吃，如果可以讓你買東西吃，它就是資產。負債則是會讓你餓肚子，負債會從你的口袋裡把錢拿走，負債會摧毀你。我看過許多家庭和許多企業因為負債而撐不下去。他們雖然有房子，但卻負擔不起房子的支出。負債會慢慢讓他們失血至死，直到他們破產或是房子被查封。這種假性資產的心態，讓許多好人陷入糟糕的處境。你的房子不是你最大的資產，而是負債；然後你又用房子申請貸款，那就是再加上一筆負債。忽然間，你就是在為銀行或是房貸公司工作——這就是標準的財務牢籠。你要為別人的資產努力賺錢，那個資產就是房貸。可惜的是，這是銀行的資產，不是你的資產。

關於負債，我們有一個很簡單的規則。確保你有一個能創造資產的收入，以償還你的負債。記得我剛搬到拉斯維加斯時的事？我讓資產來償還我的負債。我有租金收入，我可以靠租金過活，我可以靠租金買雜物，因為這是真正的資產。我的負債則是租來讓家人生活的房子，但我不必擔心任何價值的波動，因為我並不擁有這間房子。我並沒有假裝這是資產。

你的車是資產還是負債？它能讓你買東西吃嗎？如果你有一輛勞斯萊斯，

它能幫你賺錢嗎?如果這輛車是你的,它只是在讓你花錢而已,所以很明顯的是負債;而且你可能申請車貸來買這輛車,車貸也是負債。就像許多美國人一樣,你是用負債來買負債,這是個很糟糕的主意。

信用卡可能是最糟糕的。你最後要為信用卡公司工作,因為複利累積的速度非常快,而且以它的設計方式,你是先支付利息——這和房貸的繳費方式是一樣的。你先繳的是利息,而不是房貸的本金。如果你的信用卡費用偏高,而且你只繳最低的應繳金額,那你想要還清這筆錢就要花三十年的時間。很抱歉我得告訴你這一點,但是你真的讓自己陷入賺錢給別人花的處境。

我得說清楚。我不是在告訴你擁有房子是壞事。我要說的是:不要用負債來買負債。我會告訴你該如何擁有自己的房子,而且房子不是別人的資產,結果你只是付錢給別人而已。

上大學還是值得的花費嗎？

也許你的情況不允許你買房子，因為就學貸款已經讓你債台高築。也許你念大學是因為有人告訴你，這個學位很有價值——取得大學學位很大程度上是有一些價值，但並不是保證，而且不是每個領域的價值都一樣。平均而言，大學學位會讓你一生的所得增加約一百萬美元，但現在還有這個價值嗎？學歷值不值得讓你扛著二十到三十萬美元不等的債務？如果你投資十萬美元，三十年後你應該會賺到約一百萬美元。如果你花十萬美元念大學，長期下來可能是值得的；如果你花二十萬美元，但你一生的薪水只會增加一百萬美元，那麼也許這就不是什麼好主意了（請記得，一百萬美元只是平均值）。

我們知道醫生、工程師和律師的所得把平均值拉得很高。如果我主修的是英文，畢業後年薪四萬美元，那我就是在資助年薪四十萬美元的工程師。怎麼說呢？因為我們花相同的錢取得學位。同樣的，我們給孩子洗腦，讓他們以為所有的學位都有相同的價值；但其實不然。你可能不想為了英文系的學位而負債二十萬美元。很抱歉，這真的不是什麼好主意。這是個負債。

你得花一輩子的時間還清這筆助學貸款。相信我，我的工作讓我每天都會看到別人的資產負債表，我看到了這些決定對他們的人生造成的衝擊。我有很多客戶已經大學畢業幾十年了，助學貸款的本金餘額卻幾乎沒有什麼變化，他們根本擺脫不了這筆負債。這不是老套的說法，因為你幾乎不可能申請破產來取消助學貸款債務。如果你不小心，它就會跟著你一輩子。

你的錢、你的風險，卻是他們的獲利

財務牢籠還有別的例子。我告訴過你，如果你讓券商使用你的帳戶，用你的錢付薪水給他們自己，會是什麼樣的情況。你要承擔百分之百的投資風險，他們卻會拿走平均70%的獲利——我說的只是平均值，有些券商拿走更多。

如果你的投資虧損，他們還不必賠你。他們把你的錢虧掉，還可以領到薪水。他們可能立意良善，我相信他們不是故意讓你虧錢的；但如果是故意的，他們也不會有損失，如果客戶有注意帳戶的話，他們頂多就是少了一個客戶而已。但是對你來說，你的錢全都沒了。

我們舉個簡單的例子。如果你的帳戶裡有十萬美元，你那一年虧損了20％，你還剩多少？你還有八萬美元。隔年上漲20％。金融機構會告訴你損益兩平。我們就來算一算。八萬美元的20％是一萬六千美元。你的獲利是一萬六千美元，所以你現在有九萬六千美元。你的淨值還是比原先少了4％。你少了四千美元，你根本沒有損益兩平。這就是成為別人的財務囚徒，因為對方利用你的資產來賺錢。

從眾是件很吸引人的事，但通常不是什麼好主意。在不動產泡沫破滅前，每個人都說：「嘿，這個市場很棒。紐約、加州、拉斯維加斯的任何不動產價值都只會漲不會跌。」人們在賭城買價值五十萬美元的房子，並且出租賺取二千五百美元，但房貸卻要繳三千五百美元，其實他們每個月都在虧錢。但有些不動產經紀人欺騙人們買這種房子，他們說市場很好，房價會從五十萬再往上漲。這是個資產。價值上看八十萬美元。

告訴你吧：除非你賣了房子，否則它就只是個負債。賣房子還有交易成本，占房屋售價的 8～10％。如果我有一間價值五十萬美元的房子，其實它只值四十五萬美元，這還是在我可以馬上賣出的情況下，而且買方支付我全額價格才有這麼多。所以，房子不是資產。

出租房產的收入才能讓你買食物，給你的錢比你付出的錢還要多，才能算是資產。如果它讓你花的錢比它給你的錢還要多，那它就是負債。如果別人告訴你相反的話，絕對不要相信他。你自己算一算、加總一下。一個非常簡單的大原則就是，如果你持有出租不動產，那麼50％的房租要進到你的帳戶裡。如果你收到的月租金是二千五百美元，就要有一二五〇美元必須進到你的戶頭裡。

別忘了，你還要支付房貸。你要支付房屋稅，你還有擁有房子必須支付的費用。你必須支付給物業管理人，或是自己管理。你要油漆房子，你要換掉屋頂、空調系統、和所有其他的系統——這些費用全都要算進去。如果算出來是正數，它就是資產；如果是負數，它就是負債。

當我和陷入財務困境的客戶合作時，他們說感覺好像快窒息了，彷彿有人用手掐住他們的脖子，他們感覺好像快溺斃了，頭無法浮在水面上。這聽起來可不太妙。被壓迫、被摧毀、煩躁、憂鬱、沒有希望——財務牢籠就是這種感覺。

在下一章，我要描述一些明確的行動，讓你可以開始擺脫財務牢籠。這讓我想起爬山的時候，你就是要一直前進，直到登頂為止。我還爬過冰川，感覺真是舉步維艱。「踩，踩，踩。」位於高海拔的地方，你幾乎無法呼吸，你收到的指示只有繼續向上，最後你到達山頂。你不必衝上冰川，你不必跑上山頂。我曾在一場會議聽過一位演講者說了令我很佩服的話，他談他登頂聖母峰的經驗。而且最令人佩服的是，他是視障者。他說他每走一步就要休息一分鐘，因為氧氣量非常不足。除此之外，因為他看不到，所以他必須聽著鈴聲往上走。他說因為風很強，大家都抓緊冰斧。但只要你朝著正確的方向前進，你終究會登頂。從現在開始，我們就要往山頂走。你一次走一步，就會抵達山頂。而且我告訴你，山頂的景色非常美。

你從這一章學到了什麼？

- ↓傳統計算淨值的方法，以及這種計算方法應該被棄用的原因。
- ↓你該把房子視為資產嗎？你的車是資產嗎？
- ↓信用卡債很危險的原因
- ↓大學學位是不是資產？值不值得花錢念大學？

∞

第六章

如何將舊數字轉為無限數字

沃頓是一位資深的不動產經紀人，經營一間小公司。就像許多不動產仲介一樣，沃頓喜歡指導新人仲介相關的工作，而且喜歡交易的過程。真正讓沃頓的辦公室與其他經紀商不同之處在於，他要求員工投資自己銷售的產品——住宅用不動產。

沃頓告訴員工，至少把10%的薪水用來投資於不動產。更精確的說，他要他們投資於社區的租賃用房產，而且如果你想和他一起工作，就**必須**這麼做。

他投資的資產稱為現金流資產，意思是，這種資產帶給他的租金高於擁有這項資產的成本。如果一個資產每月收到的租金是一千美元，那麼這個人必須負擔支出、修繕、保險、稅以及不管多少金額的房貸月付額，但還是有剩下的錢。他手下的仲介似乎都喜歡這個主意，沃頓也不太需要費力說服他們買。他們的辦公室一直都有交易的資料，沃頓總是幫助他們計算划算的交易。

其中一位年輕的仲介感到很困惑，為什麼要購買投資用不動產，不買大一點的房子自己住。這位年輕仲介的父母一直教他，房子就是最好的投資，讓他以為大一點、貴一點的房子是好選擇——畢竟這是他畢生最大的投資。年輕仲介從小的教育讓他相信，買了房子後因為房價上漲，就可以賣了房子來賺錢，再買更大的房子。但是沃頓只談買進，他從來不談賣出，而且他會談到資產組合中要持有不動產。

但是當市場上漲時賣屋呢？年輕的房仲很困惑，他不了解為什麼沃頓只談房子收到的租金，而不談房子的價值。事實上，沃頓常拿自己持有的不動產組合的價值來開玩笑：「我不知道價值，也不想知道，我就是不賣。」年輕的房仲心想，投資組合一定價值很高，如果是他的，他就會賣掉，在最好的社區再買更大的房子，好好享受生活。

但是沃頓仍繼續他在做的事。他會訓練辦公室的員工，讓他們準備通過不動產仲介執照的測驗，才能仲介房屋買賣。但他的要求一直都沒變——保留辛苦賺來的10％收入，然後投資於不動產。當時10％看起來好像很多，但其實沒那麼難。幾年過去了，員工的投資都有所成長，然後發生一件驚人的事。仲介們都變得更快樂，因為他們可以常常休假。他們的壓力減輕，因為他們所持有的資產會收到額外的資金流。他們也向客戶分享自己的作法，客戶也會投資。年輕仲介有工作以外的朋友，朋友似乎都有財務壓力，所以他會告訴朋友自己的作法。他告訴朋友自己投資至少10％的收入，這很輕鬆，他甚至投資更多。他的朋友會笑一笑，並且說他們連繳房貸、車貸、助學貸款和各種其他支出都已經很勉強了。

幾年下來，年輕的房仲累積了不少不動產組合。事實上，這位房仲現在幾乎把收入百分之百拿來做投資，因為他現在可以靠自己最早買的幾個房產過生活。這時他才了解，多年前當他還是年輕時，沃頓教他的道理。

警鐘

在本章，你將學習如何將第四章中學到的舊數字，轉變成新的無限計算，然後如何運用這項資料。我們已經討論過舊的方法，也就是銀行如何看待我們的數字，以及這對我們來說有多不利。那些舊的數字並不完全沒有用，但我們必須變換這些數字。如果你知道該如何使用，那它就是有用的資料。我們要利用這些資料，並學習哪些屬於「無限收入」來源，以及學習如何反向工程來計算你的數字，這樣你就知道你的無限淨值是多少。簡言之，你的無限淨值就是你不工作可以撐多久。這所顯示的是，你可以多久不工作，也不需要拿起水桶到村子的水池裡扛水。

請記住，有效的「無限投資」表示你要計算的是生活所需的收入。你需要考量被動收入來源。知道了你想要和需要的東西是什麼，就會知道你需要多少收入才能生活，然後你只需要算出哪些資產會創造收入就好。我們來測驗一下吧。你必須用心想像：一個典型的農場有哪些資產？穀倉？曳引機？站在曳引機上的公雞？是農舍嗎？這個農場的資產有哪些？

我們來分析一下。曳引機是資產嗎？曳引機能讓我買東西吃嗎？農舍能讓我買東西吃嗎？穀倉能讓我買東西吃嗎？你知道什麼能讓我買東西吃嗎？——這些全都不行。農作物、土地才是資產。玉米、小麥和大豆——不管我種的是什麼，都應該被視為資產。這很微妙，因為我未必需要所有的農具，就能讓農場提供食物給我。

沒錯，我可能是農場的主人，而且底下有個佃農。如果我這麼做，就是別人在幫我種田，然後用部分的獲利來支付我。他們種植所有的農作物，然後付錢給我，我什麼事也不用做。由於家庭農場越來越少，現在全美各地都出現這樣的安排。或者我可以自己動手，但我知道資產必須超越經營農場的成本，那間農舍和所有的設備都是成本。我把農作物存放在穀倉裡，這就像是401(k)或是個人退休基金、或是我個人定義的福利金方案一樣。我必須小心保護穀倉；我必須確保穀倉裡沒有老鼠偷吃我的農作物。老鼠就像券商，如果我不小心，他們就會吃掉農作物。雖然你可能是意圖良善的券商，但很遺憾，我是律師，我只是在告訴你，有些券商令整個產業蒙羞。

還記得第一章提到受託人的重要性吧？受託人必須將你的利益置於他們自己的利益之前，他們不會亂搜刮你的帳戶來增加自己的佣金。他們領取薪資以管理一個資產投資組合，他們通常收取1%的錢。你應該用這樣的人來確保農作物的成長最符合你的氣候環境，而且他們會保護農作物，因為這是他們的責任。

對有些理財顧問來說，當一名券商容易得多（而不是受託人），因為他們可以讓客戶「變得更窮」，但他們還是可以領到錢。如果你是受託人，你讓客戶變窮，你可能會被告，因為你對他們負有責任。本書一開頭提到摩根士丹利的案例就是這個情況。

仔細計算後再做決定

想要善用你的資產，就必須做很多層面的決定。有些是常識，有些可能很反直覺。我將說明一些最常見的生活情境：我該租車還是買車？我該投資個人退休帳戶嗎？零利率信用卡好不好？我該投資股市嗎？租賃用不動產如何？請記住，最重要的是這個——財務的三大法則就是計算、計算再計算。

請記住，最重要的是這個——財務的三大法則就是計算、計算再計算。

該買車還是租車？

租車和買車，哪一種對你比較有利？你需要計算擁有一輛車的成本，而且把所有數字都列出來。我可以告訴你，再不出二十年，你可能再也不會買傳統的汽油引擎車了。你會開始買電動或油電混合車，因為這種車的擁有成本低得多。你必須算清楚任何車輛的總成本，搞不好你可能買一輛車，然後要花大錢修理，或是開了幾年後它變得很耗油。你必須加總所有的數字才能判斷擁有一輛車真正的成本，並和租車的成本做比較。

別忘了，美國國稅局給我們每年一個里程數退費*，過去一直都是每英哩○．五三到○．五八美元。視汽油價格和你的車子老舊程度而定，這可以讓你知道維護一輛車要花多少錢。所以如果你一年駕駛的里程達一萬英哩，而國稅局的里程價值是每英哩○．五八美元，那就是五千八百美元。以這個情況來說，是租車還是買車比較划算？你必須比較兩者，因為車子仍是個負債。通常長期租用想要的車比較划算，因為人們通常是買他們**想要**的車，但是其實買自己**需要**的車比較划算。最好的答案是：買進一個資產，並根據這個資產每個月產生的金額，為購車或汽車長期租約設定一個預算。舉例來說，如果我可以買一間租賃用的房產，每個月可以為我創造四五〇美元的現金流，我可能會選擇以每個月四五〇美元左右的價格長期租用我想要的車。

買屋還是租屋？

買屋與租屋呢？哪一種比較好？視情況而定。如果你可以在想要的社區，以買屋價格的一半租到房子，那麼你就應該租屋。你仍要計算一下生活花費是多少，視想要或是需要而定，這個金額代表住房的成本。你可以租一間四百平

---

*【台灣制度的差異：車子的稅金】完全以電能為動力之電動車（包含電動機車），目前免徵燃料稅；至二〇二五年十二月三十一日以前，免徵使用牌照稅及貨物稅。此外，免徵貨物稅要符合三要件：首先購買的電動車輛只限新車；其次該車輛需完全以電能為動力；第三應完成車輛新領牌照登記。但電動小客車免徵金額以完稅價格新台幣一四〇萬元計算之稅額為限。超過一四〇萬元部分，減半徵收。（鄭惠方／惠譽會計師事務所主持會計師）

方英呎（約為十一坪）的公寓嗎？——剛出社會時你可能會這麼做，你現在會想租這樣的公寓嗎？也許不會。但是，如果你需要就可以這麼做。也就是說，你要計算金額。你想要的是什麼？你想要住的地方——很好，那你應該買屋嗎？不論如何，房子仍是一個負債，所以你要計算擁有房屋的成本。擁有的成本是否比租屋划算？比較一下。

根據聖路易聯邦儲備銀行的經濟數據（FRED），同一間房子的租屋和買屋成本幾乎完全相同[1]。可惜的是，我們買屋要花的錢其實更多，因為仲介會說我們「負擔得起這間房子」，而不是專注於我們的需要和想要。二〇〇八年的經濟衰退就是這樣的心態造成的，而餘波則是一場災難。因為房子幾乎一定是負債，我個人傾向買進資產而不是買房子，並讓資產為我付房租或是買屋的房貸。舉例來說，如果買進我想要的房子，一個月的利息支出是三千美元，或是租屋費用是一個月三千美元，我會想要有租金、股利或其他無限收入給我足夠的收入，以支付這筆金額。

羅斯個人退休金帳戶，還是傳統個人退休金帳戶？*

你該用羅斯個人退休金帳戶還是傳統個人退休金帳戶投資？差別是什麼？羅斯退休金帳戶會被扣很高額的稅金，為什麼有人把傳統退休金帳戶轉過去？差別很簡單：你存進傳統退休金帳戶的錢，可以減免稅額，但是當你領取儲蓄和儲蓄的獲利時就會被課稅。羅斯個人退休金帳戶無法給你儲蓄的所得稅減免，但是當你領取儲蓄的金額或是獲利時不會被課稅。這兩種退休金帳戶有一些規則和條件，但這些是最重要的。

---

*【台灣制度的差異：勞工退休金帳戶】除雇主必須提撥6%勞工退休金外，勞工也能自願提撥最高6%薪資至勞工退休金帳戶。自願提繳勞工退休金，有幾個節稅的效益：第一，勞退自提的部分，當年度不用課稅，可以自當年度個人綜合所得總額中全數扣除，直到請領退休金時才需併入退職所得課稅；第二，分年領取退職所得每年在八一・四萬以下免稅，遠高於薪資所得扣除額，遞延課稅其實有可能根本課不到稅；最後，若是退職所得仍須課稅，退休後收入往往較在職時低，可能適用較低的綜合所得稅率。越是高所得的高薪白領，適用的綜所稅率越高，選擇自願提繳勞工退休金的節稅效益越大。（鄭惠方／惠譽會計師事務所主持會計師）

- 傳統個人退休金帳戶＝現在可免稅，以後要繳稅
- 羅斯個人退休金帳戶＝現在要繳稅，以後可免稅

所以有些投資人很喜歡羅斯帳戶，因為他們可以現在存進五千美元並放棄免稅的額度。五十年後，如果五千美元變成五萬美元，他們就不必繳稅了。但是請記住規則一——**計算，計算，再計算**。

如果我現在正值賺取薪資的壯年，而且州和聯邦的課稅級距是30%，我等於是每存入一美元，就收到1.3美元，因為我要扣除一美元乘30%的課稅級距，所以我的個人退休金帳戶有一美元，還省了0.3美元的稅。如果我存一美元到羅斯帳戶，我必須先繳稅（一美元乘以30%＝0.3美元），所以我的羅斯帳戶只能存0.7美元。所以實際上，我的傳統個人退休金帳戶裡有一美元加上0.3美元免稅的額度，相較之下羅斯帳戶只有0.7美元。

使用傳統個人退休金帳戶，你一開始就相當於多存0.6美元。羅斯帳戶需

要花很多年的時間才能趕上這個差額，但是它的增額是免稅的，所以許多人仍認為這是比較好的選擇。專家總是說：「從傳統個人退休金帳戶領出時，你就必須繳稅」，雖然沒錯，但意思經常被誤解。

真正的問題在於絕大部分美國人退休的現實情況。你退休時，你繳的稅率已經大幅減少了。根據美國人口普查局的資料，平均退休者家庭和中位數家庭（50%），都是聯邦課稅級距倒數第二低，目前最高是12%。假設州稅至少是3%，一般家庭的課稅級距頂多是15%。雖然大部分的人屬於10%的課稅級距，但我要用15%為例來說明。你可以假設以下情況：個人、四十歲、聯邦政州課稅級距合計30%，每年投資五千美元，報酬率為7%，以三十年來計算（七十歲退休）。

- ➔ 如果他投資在羅斯帳戶，退休時可能會有330,613美元。
- ➔ 如果他投資在傳統個人退休金帳戶，退休時可能會有472,304美元。

好的，但是傳統個人退休金帳戶要繳15%的稅，所以扣除稅額後可以領取401,458美元，所以事實與專家告訴你的差距很大。這就是上帝發明計算機的原因——它是屬於你的測謊器。

同一台計算機會告訴你，羅斯帳戶非常適合那些課稅級距本來就在最低級距的年輕人，但其實他們的課稅級距會一直往上增加。我們也知道提領儲蓄至羅斯帳戶的錢不會有罰金，所以非常適合儲蓄計畫。但不合理的是，當你現在的課稅級距高於退休時的課稅級距時，把錢存進羅斯退休金帳戶，等於是現在放棄了傳統個人退休金帳戶的免稅優惠。還有一個問題是轉帳，也就是當你把傳統個人退休金帳戶的錢轉到羅斯帳戶裡，轉帳的金額要繳稅。我認為這並不合理，但我卻常常看到很多人因為顧問的建議而這麼做。

零利率信用卡

零利率信用卡有那麼好嗎？得視你買的東西而定。如果你買的是資產，**只**

要你付的是零元，那就很划算。所謂的零利率是有時間限制的，然後利率就會大幅飆升，平均利率約為18％。根據我的經驗，使用這種信用卡的人，將近八成到了零利率期限結束時都還沒還完，然後這種卡片就會變成利率18％的信用卡。對你來說不划算，但對信用卡公司來說卻是門好生意。

信用卡公司很樂意發行這種卡片，因為你用這張卡買的東西很有可能是負債。你要不是用卡片來支付一筆支出，就是在買一個負債。危險的不是信用卡，危險的是卡片讓我們去買的東西。我在本書一再強調，絕對不要用負債來買負債。

選股

股市也應該用相同的原則。你可以把錢拿來投資當時股價很高、但沒有支付你任何東西的股票。事實上，你開戶可能就要一筆錢，或者因為通膨讓你的錢價值減少，每年虧損2%。所以，如果你投資股市，你持有的很大一部分不是資產。資產是會付錢給你的東西，而且還會讓你的銀行帳戶裡的錢變多。你應該找的是我在第一章中說過的：支付高股利的股票。請記住，這種股票很少。只有不到二十五間公司至少連續五十年支付股利，而且至少連續五十年都調高股利。股利的成長才是你可以花掉的錢，你可以用這筆錢來買雜貨。那就是資產。

如果你在亞馬遜剛上市時就買進股票，你可以說：「嘿，這是高價股。你看，股價漲了很多。」但是亞馬遜從來沒支付過股利。如果你有信用卡債和亞馬遜股票，你可能會想：「持有這檔股票害我損失18%。」如果你在亞馬遜的股價是四百美元時，花一萬美元買進亞馬遜，那你就中大獎了，因為這筆投資現在價值五萬美元。

如果你賣了這檔股票，那你就賺了四萬美元。但是有一些因素會讓報酬減少。首先，你必須繳稅。如果你持有股票超過一年，聯邦稅最高是20%，再加上你所在州的稅率（為了節省麻煩，假設是2%吧），你能拿到的金額是三萬二千美元。然後我們計算一下，一萬美元的利息是多少。假設你持股五年，同時間你還有信用卡債和其他貸款。根據美國金融網站WalletHub的《信用卡前景報告》（*Credit Card Landscape Report*）顯示，美國平均信用卡利率是19.02%。[2]

如果你在這段期間沒有繳卡費，等到股票賣出了才還債，那你就要還23,883.60美元（一萬美元加上五年的利息）。其中利息是13,883.60美元，你賺的錢必須扣掉這個金額，這樣你賣掉史上最好的股票的報酬就是18,116.40美元。雖然報酬看來很不錯，但是你對股市中績效最好的股票，期望絕對不只這樣。一檔像亞馬遜這樣的好股票，卻有數千檔不好的股票，不只拿走你投資的錢，還害你沒賺到利息。

不要用債務來買投機的東西。不要用債務來買負債。不要用負債來買負債。

我應該強調，同樣的規則適用於出租物或出租用房地產。這筆投資能為你帶來正現金流嗎？還是你每個月都要付錢？你收到的現金流是否足以支付這個不動產的債務，包括利息在內？如果你有一筆資產，而且它帶來的現金流足以支付負債，那就是合理的。如果不能支付負債，那就是你在支付負債。等於你還是在扛著水桶。只要你不必扛水到村子的水池，那就不是負債。

無限淨值

如果你必須扛水來支付某樣東西，那它就是負債。我說的不是買進的時候，我說的是持續擁有這樣東西的時候。它是不是每個月得讓你花一筆錢？你要計算且確認情況。我不是要告訴你，不要買好車或好房子；我要說的是，如果你要這麼做，一定要有無限收入來支付這筆錢。如果你想要住好房子，你最好有資產來幫你支付房子的錢。這種資產是什麼？這種資產會產生什麼？就是會產生你的無限收入。之後我會告訴你如何計算。無限收入是指不論你是否在度假還是在工作、睡覺還是醒著，在國內或國外，都會持續收到的收入。我們必須做的是，判斷會產生無限收入的資產類別。

無限收入是指不論你是否在度假還是在工作、睡覺還是醒著，在國內或國外，都會持續收到的收入。

舉例來說，如果你出租名下的房屋，你必須注意淨收入——你真正賺到的錢。記住我告訴過你的大原則，租金收入大約50%應該是你的淨利。如果你出租一間房子，月租金是一千美元，在支付了保險、稅金、修繕和管理等費用後，你應該要收到五百美元。你每月收到的淨租金應該是五百美元，這就是資產。

你可能也有版稅收入。也許你寫了一本書、開發某個軟體，或是創作一個電玩。這些也是資產。你要計算來自這些收入的任何正現金流。

那麼股利呢？假設你持有一些可口可樂的股票，公司支付你固定的股利；你持有美國電報電話公司，公司也支付你一些股利。艾克森石油、威訊通信，任何一間股利之王……你收到股利，把它除以月數。股利通常是每季支付一次，所以你必須除以三；或是只要看全年金額然後除以十二，就是每月的金額。以這個例子來說，假設你每個月賺到一五〇美元的股利。這些也是資產，你要計算來自這個資產的現金流。

如果你借錢給其他人呢？你也要把每個月的利息收入算進來。你借錢給奈德叔叔，他每個月給你一百美元的利息。借給別人的錢是資產，你收到的任何利息都應該加到你的現金流中。

利用股票賺錢的方式有三種。大多數的人只知道一種——等股價上漲。為了了解並運用另外兩種，你必須先知道兩個簡單的概念。

第一，不論你何時持有一個別人想要的資產，這個資產就很可能有選擇權市場。選擇權是一種花俏的說法，意思是同意「買進」或「賣出」。舉例來說，如果你持有不動產，有人可能想要向你買這個不動產，他先付你一筆錢以確保他有權利在某個期間內，以某個價格買進你的不動產。也許你願意以二十萬美元出售你的房子。有人說，他願意在未來三十天內，以二十萬美元向你買房子。他說願意支付你一千美元，讓他可以選擇是否要買你的房子。期間越長，他要支付的錢就越多。第二。如果有個市場可以買進某個資產，就可能有市場可以賣出這個資產。如果你知道你要以二十萬美元買進某間房子，你也許可以賣給這個人選擇權，而你有義務要在某一段期間內以二十萬美元買進這間房子。舉例來說，你可能對屋主說，如果你付我一千美元，不論市場價格如何波動，我同意在特定的六個月以內以二十萬美元向你買房子。如果房市下跌，房子只值十九萬美元，他可以要求你以二十萬美元向他買房子；如果房市維持不變，你可以保留這筆一千美元。如果房市上漲，你就可以留住這一千美元；但如果市場下跌，你就有義務支付你原本同意的金額。

在股票市場中買股票的選擇權，也和以特定價格買房子是完全一樣的。這叫做**買權**，而且現實中就有這樣的市場。稍後等我們談到出租股票時，會再詳細討論。強迫別人買進你的股票，這種選擇權稱為**賣權**，就和上面的例子一樣，你賣給屋主一個權利，這使你有義務要以二十萬美元買他的房子。當你賣出這種選擇權時，這被視為短期資本利得。這種獲利也要加入每個月的現金流，而且要計算到獲利中。

賣出選擇權所收到的錢，通常會比你收到的股利還要多一點。如果你賺到的股利是一五〇美元，我們假設你的短期資本利得（又稱為選擇權收入）是二百美元，然後把這些所得加總。你很久以前寫的書有十美元的版稅收入；你的淨租金收入是五百美元；奈德

表一：無限收入範例

每月淨租金收入	$500
每月版稅收入	$10
每月股利收入	$150
每月利息收入	$100
每月短期資本利得	$200
每月無限收入	**$960**

叔叔每個月給你一百美元的利息，還有每月的短期資本利得。全部加總得到的是每個月九六〇美元。很好，這就是你賺到的錢。這麼做就是在計算你每個月收到的無限收入。

計算你的每日無限收入

現在我要教你如何利用這個資訊。你要把每個月的無限收入乘以十二個月，變成每年的收入——這個數字就是你每年的無限收入。但是我們要每日無限收入的數字，所以你再把全年的金額除以三六五（一年的天數），這樣你就知道你每天賺到的無限收入是多少。

在上面的例子中，這個數字是31.56美元（請看表二的計算）。計算每日的金額很重要，因為如果你發現你每天的花費是三百或四百美元，但你只賺三十美元，這時很多人才

表二：每日無限收入

每月無限收入總額	$960
乘以十二（月）	$11,520
除以三六五（天）	$31.56
每日無限收入	**$31.56**

會恍然大悟。有些人可能這時才知道「好吧，也許我不需要一天喝六杯拿鐵。我可以開始少花點錢。」

如果我一天花四百美元，那麼我每個月需要的無限收入就必須是 12,167 美元，一整年就是 146,000 美元（每天四百美元，乘以三六五天）。

我每個月的支出和我的無限收入的差額，就是所得差。相信我，這就是最真實的數字。

以瓊斯家庭為例

我們假設以瓊斯家*為例，來解釋如何運用這個概念。表三和表四是瓊斯家的狀況。

把他們所有的收入來源加總，一個月可收到七千五百美元。他們一個月花六千五百美元。每個月的收入中，兩筆出租房產每個月可收取一千五百美元，淨房租收入是七五〇美元。他們沒有版稅，但是有一個不錯的股票投資組合，每月的股利收入是二五〇美元。他們在券商的帳戶裡有十萬美元，但是因為他們不借錢給任何人，所以沒有任何利息收入。他們利用在券商開的帳戶成為股市包租公，所以他們什麼也不用做，光是知道股市包租公的道理，一個月就可以多賺四百美元。換句話說，他們一個月的無限收入就有一千四百美元。若要計算每日的無限收

* 譯注：「以瓊斯家庭為例」的原文是Keeping up with the Joneses，是一句英文諺語，並非指某個特定瓊斯家，而是指不要輸給鄰里中較富裕的家庭。美國社交名媛金卡黛珊的節目《Keeping up with the Kardashians》，就是出自這個諺語。

表三：瓊斯家

每月淨租金收入	$750
每月版稅收入	$0
每月股利收入	$250
每月利息收入	$0
每月短期資本利得	$400
每月無限收入總額	$1,400
每月其他收入總額	$6,100
每月收入總額	**$7,500**

入，只要把一千四百乘以十二個月，再除以三六五天，結果得到每天是四十六美元的數字——這就是他們的每天無限收入的金額。如果他們可以每天只花四十六美元，就再也不需要工作了，因為他們有足夠的被動收入來支付他們的需要。

現在我們要計算他們的支出，以判斷他們的所得差。他們工作的薪資一個月是七千五百美元。他們的支出是六千五百美元，所以扣掉支出後還剩下一千美元。這就是大部分銀行所說的**淨收入**。

如果他們繼續這麼做，他們每個月底會多出一千美元。瓊斯夫婦討論過後決定，他們可以減少一些想要的東西以節省九百美元的支出。這九百美元就是我所謂的非必要支出。如果從六千五百美元中扣掉九百美元，支出就會降到五千六百美元。這就是他們的需要。他們的每月所得差，花在想要的東西上就會是一千美元，花在需要的東西上就會有一千九百美元。

為什麼這很重要？因為這讓瓊斯夫婦知道一些重要決定。我們知道，他們可以花六千五百或五千六百美元，我們要把這兩個數字各乘以十二個月，再除以三六五天，這樣他們就會知道他們需要花多少錢——想要和需要的花費都要計算。首先，我們來看看他們每天想要花的金額，然後再來看看有哪些非必要的花費可以節省，以計算他們真正每日需要的花費。當他們手頭拮据必須節省花費時，就可以看看這個數字。

瓊斯夫婦的每月薪資是七千五百美元，以想要的花費來計算每月支出是六千五百美元。記住，他們已經決定，如果有必要就會減少九百美元非必要花費，所以，以想要的花費來計算，每個月的淨收入就是一千美元。根據需要的花費來計算，每個月的淨收入是一千九百美元。然後我們把六千五百美元乘以十二個月——就是七萬八千美元，除以三六五天，得到 213.7 美元——這就是他們每天買想要的東西的花費。這就是大部分人過著想要的生活所需的花費，而不是節儉的生活所需的花費。

如果瓊斯夫婦真的節省一點呢？根據他們想要的生活，他們每年的支出是七萬八千美元，每日是 213.7 美元。他們還缺多少錢？他們每日的無限收入是 46.03 美元，所以他們短缺的金額就是這兩個數字的差額：167.67 美元。如果他們不想節省一點，那他們就需要這麼多無限收入才能辭職不工作，現在他們知道「想要的」花費是多少了。

然而，知道可以節省一點錢，對他們是有幫助的，因為這樣可以縮小差距。他們每個月需要的花費是五千六百美元，一年就是六萬七千二百美元，因此瓊斯夫婦每天需要支出 184.11 美元。他們需要支出的錢和無限收入得到的錢，差額是 138.07 美元。

達到無限最快的方法就是做兩件事：減少

表四：瓊斯夫婦想要和需要的花費

	想要	**需要**
每月薪資收入	$7,500	$7,500
每月支出	$6,500	$5,600
每月淨收入	$1,000	$1,900
全年支出	$78,000	$67,200
每日支出	$213.70	$184.11
每日無限收入	$46.03	$46.03
差額	**–$167.67**	**–$138.07**

你的每日支出，以及增加你的無限收入金額。

如果瓊斯夫婦無法工作，他們每日要自掏腰包的金額，就是根據他們現在的生活方式計算出來的每日差額167.67美元。有了這個差額，他們就可以計算如果不工作可以撐幾天。

假設他們的總資產是五十萬美元，總負債是二十五萬美元。淨值就是二十五萬美元（資產減負債等於淨值）。他們可以把二十五萬美元（淨值）除以差額167.67美元。結果告訴他們，如果他們把淨值的每一分錢花掉，在沒有工作的情況下可以撐一四九一天。

我們用另一個例子來看。假設你是百萬富翁，資產剛好是一百萬。恭喜你！根據世人的標準來看，你是有錢人。但你真的是嗎？

很遺憾的，你沒有無限收入，而且你的每日支出是四百美元。你可以倒推回去很快的計算一下，把每日四百美元乘以三六五天，表示每年支出146,000美元。再除以十二個月，就能算出每個月的支出約是12,000美元。在沒有無限收入的情況下，每個月的支出等於每日差額是四百美元。

在不工作的情況下，你的一百萬可以撐幾天？把一百萬除以差額四百美元，得出你可以撐二千五百天，也就是六・八年。然後你就破產了。你必須賣掉名下所有資產，而且你一毛錢也沒有——但是等等，你不是很有錢嗎？但這種事不斷發生在退休族群的身上，只不過情況並沒有那麼簡單。

賣掉資產的問題在於，事情沒有那麼簡單。市場會波動、仲介費、不動產經紀費、稅和其他的支出，會讓你收到的錢大幅減少。如果你好幾年沒工作，而且錢花完了，你得把所有家當拿出來跳樓大拍賣才有錢吃飯。如果你的家當是不動產，或是有傢俱的房

表五：你的資產可以撐多久

資產 $1,000,000	$750
無限收入 $0	$0
每日支出 $400（乘以 365 天）	$250
全年支出 $146,000	$0
每日差額 $400	$400
資產可以撐 2,500 天 (6.8 年)	**$7,500**

子，那你就得接受跳樓大拍賣的價格——通常折價幅度非常嚇人。

你的無限淨值是多少?可以上我們的網站InfinityInvestingWorkshop.com，使用免費的計算機來判斷。你也可以用上述的計算方式，用自己的數字來判斷你不工作可以撐幾天。雖然現在看來很令人洩氣，但只要你遵守「無限計畫」，你最後就可以實現。雖然一開始很慢，但你可以達到目標。這只是數學的問題。重點是長期下來，我們再也不要賣任何東西也可以生活，而且你會一直持續得到無限收入。

如果你四處看看，就會看到很多這種無限收入的例子，造成很大的影響。我在拉斯維加斯工作的大樓是以霍華・休斯*為名。他成立全世界最大的基金會之一，價值逾二百億美元。這個基金會去年捐出超過五億美元進行醫學研究。休斯一開始成立基金會時，捐了一大筆錢，這筆錢不斷成長和賺取複利，因為本金一直受到保護。我稱這種人為管理員，我將在第九章中詳細說明。

你也可以為自己的家人計算。如果你創造了無限收入而且一直累積，等你過世後，你的繼承人也沒有賣出變現，那就會是永遠的收入。金額不會減少，而且會隨著時間一直成長。統計上來說，這筆金額會從一百萬增加到一千萬、二千萬，甚至上億美元。想得久遠一點——三百年後聽起來有點誇張，但是你現在所做的努力，可能可以讓未來好幾世代的人都過著很好的生活。

* 譯注：霍華．休斯（Howard Hughes）是已故美國知名富豪，他將拉斯維加斯打造成今日的賭城。電影《神鬼玩家》（*The Aviator*）即是休斯的電影傳記。

第七章 三種讓你一直身陷財務牢籠的必輸賭注

約翰和莎莉做了所有他們該做的事：他們都有不錯的工作、家庭和諧。而且從任何外人的觀點來看，他們都非常成功。他們決定買間房子，所以他們找了房仲；房仲直接帶他們去找房貸仲介，以判斷他們能買得起什麼樣的房子。不久，他們就在鎮上最好的社區買了一間美輪美奐的房子。

他們馬上開始還貸款。金融危機發生時，他們已經償還了約一半的房貸。結果莎莉失業了，約翰還保住工作。說實話，莎莉並不介意失去工作，她想要花更多時間陪伴孩子，而且她覺得家裡的狀況很安全。當他們認識的人所住的房屋被查封時，他們並沒有太多擔心，畢竟約翰和莎莉的資產淨值很高。

當對面鄰居掛起「房屋待售」的招牌時，他們過去詢問情況。鄰居說他們實在負擔不起房貸了，而且沒有必要一直支付比房子價值還要高的房貸。約翰和莎莉問：「你們要賣多少錢？」對方的回答讓他們很驚訝。約翰和莎莉以為他們的社區房價應該很高，但實際要價比他們想的還低很多，而且大約是他們房子目前房貸餘額的一半。

這時約翰和莎莉開始擔心了，而且他們覺得應該想辦法拿回之前已經支付的房貸部分金額。他們聯絡房貸仲介並詢問是否可以申請二胎貸款，畢竟經濟衰退開始以來，利率已經下跌很多。仲介告訴他們不可能，因為他們的房屋淨值已經沒有那麼多了——房屋淨值是根據房子的價值減掉負債所得的金額——所以，就算約翰和莎莉已經還掉原本房貸的一半，他們的房屋卻沒有淨值，因為房價跌太多了。

而且他還有更多壞消息。他們的房貸利率已經被調整了，支付額升高。對約翰和莎莉來說最大的打擊或許是，他們總以為可以利用房屋淨值為孩子準備大學費用和退休，所以他們並沒有多少儲蓄，他們一直在償還房貸，現在這些錢都沒了。約翰看著莎莉，他感覺稍微鬆了一口氣，至少他還有工作，如果房貸金額升高，莎莉也可以去工作以確保他們能繼續償還負債。

然而六個月後，升高的房貸金額終於造成了傷害。莎莉發現雖然她的經驗豐富而且很努力，但她所在的地方就是沒有工作能支付她以前的薪水。約翰和莎莉發現，他們沒有選擇，必須賣了房子才能擺脫沉重的房貸，所以他們做了一件事：他們賤價出售房子，才能全身而退，不再欠銀行錢。他們失去了之前繳的所有房貸——所有多付的錢都沒了。然後他們發現，雖然失去房子的感覺很糟，但他們已經算幸運的了。

無限人生的三大禁忌

在前一章中，你學會了如何使用無限計算機，將舊的財務資訊轉換成新的無限數字。現在我們要把焦點集中在幾項個人財務方面的問題，這些問題曾造成許多人的痛苦。有三個必輸的賭注會讓你一直身陷財務牢籠。本章中，我們會檢視這些必輸的賭注，我會告訴你如何避免這種賭注。

你在第五章學到的包括計算你的所得、支出、資產和負債，我們要根據這些知識再繼續學習更多。我們一

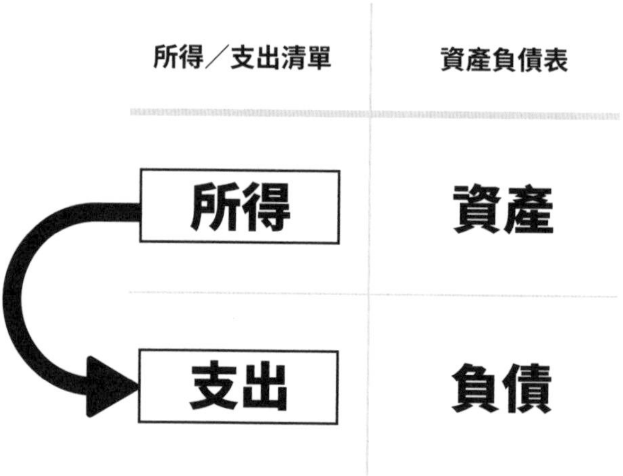

起來看看這些項目如何互動，並學習當人們誤解這些項目的作用時，經常會犯下最大的錯誤是什麼。

人們常犯的理財錯誤有三大類，我稱之為「無限人生的三大禁忌」。我們一起來看看有哪些，並看看你的收入清單和資產負債表的交互作用，而且重要的是金錢的流動。舉例來說，如果你只是工作並支付日常開銷，沒有多餘的錢可以買資產，你的金錢流動看起來會是右頁的圖。

這看起來很簡單，但是我們的財務生活並不簡單，很容易掉入一些陷阱。

第一大禁忌就是：**不要用負債來支付開銷**。一個容易理解的例子

無限人生的第一大禁忌

就是，不要用信用卡支付房租。這樣你是用負債來支付開銷，如果你這麼做，絕對會帶來問題。

無限人生的第一大禁忌：不要用負債來支付開銷！

我了解有人可能會說：「我沒辦法。」你一定會有辦法。減少支出，把花費降下來，想盡辦法不要用負債來支付開銷。無論如何不要就對了。

這個禁忌唯一的例外是，如果你是大學生，你學的是工程之類可以確定市場價值較高的專業學位。舉例來說，你可以看到牙醫的起薪和平均薪資，並使用這些資料來做合理的計算。歷史、哲學、英文或類似的學位則很難追蹤，而且平均薪資價值很低。整體而言，英文系畢業生的起薪大約是時薪十五到十九美元。沒有道理為這樣的學位扛下這麼大的負債。如果這個學位給你一點點負債，這我還可以理解。但如果你是應工作的成年人，而且你有全職的工作，就百分之百不要用負債來支付開銷。

無限人生的第二大禁忌：不要用收入來買負債！

就算你的財務狀況符合可以買某些東西的資格，也要克制這種誘惑。房屋首購族通常很驚訝的發現，他們有資格可以買更大的房子，但這不表示他們負擔得起，通常這在未來都會造成他們的痛苦。你的不動產經紀人很樂意賣給你更貴的房子，因為這樣他們賺的佣金就更多；放款機構也很樂意以最高金額貸款給你；信用卡公司很樂意看到你刷卡買東西，然後要繳的費用餘額很高；傢俱店的業務員很樂意賣給你全新傢俱，放在每個房間裡，也會樂意送你購物金。結果這些事最後都導致你身陷財務牢籠。彷彿那些放款者都在想：「來瞧瞧能不能把你變成奴隸，我們才能從你

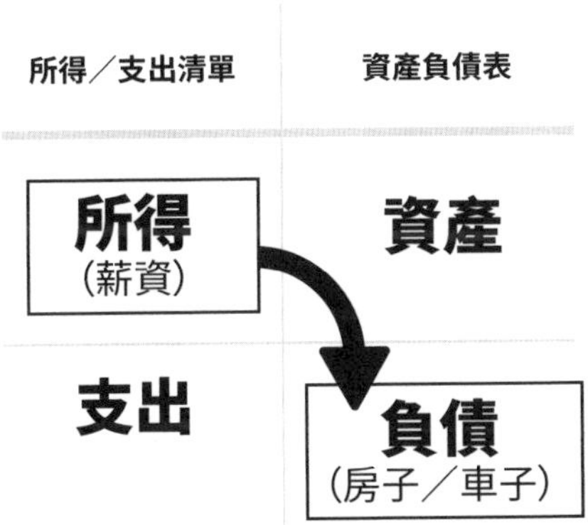

無限人生的第二大禁忌

身上賺錢。」

就算你的財務狀況符合可以買某些東西的資格，也要克制這種誘惑。

不要用收入來買負債，要用收入來買資產。當你有足夠的資產時，就可以開始買更貴的東西，但還沒有足夠資產時千萬別這麼做。這就是「大富翁」的道理。最初的幾回合，你要買後來能為你創造收入的資產。現在不是揮霍的時候，不要因為你想要什麼東西就花錢。

無限人生的第三大禁忌：不要用負債來買負債！

你可能以為車貸很安全，但是「無限人生的第三大禁忌」就是：不要用負債來買負債。舉個例子說明，很多人都會做一件事——刷信用卡來買車。絕對不要這麼做。你需要有資產來支付這輛車的錢。假設我有一間出租用的房子，一個月可以創造五百美元的正現金流；我的車貸一個月要支付五百美元。如果是這樣就沒關係，因為這樣並沒有額外的支出，我是用資產創造的收入來支付車貸。

遊艇、休旅車或任何想要而非需要的東西也一樣。你的房子更是如此。更清楚的說，任何需要的東西都有一個基本的合理支出。例如，我需要交通工具，也許是一輛車，但我不需要昂貴的賓利汽車。我的基本交通工具是某個金額的基本車輛，其他東西都是想要的東西。不論如何，絕對不要用信用卡來買想要的東西。不要

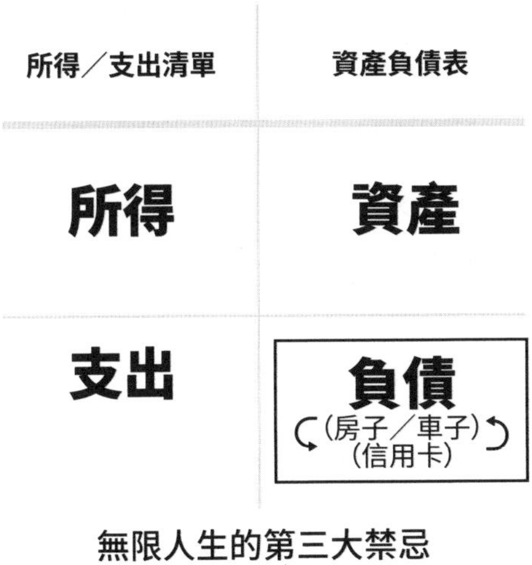

無限人生的第三大禁忌

申請貸款來買想要的東西。

我們舉個實際的例子。如果你可以在合理的社區以月租一千五百美元租到合理的房子，這就應該是你買房子的預算。不只是房貸月繳額，還要包括保險、利息、維護，還有房子所有其他的額外支出。所有東西都是想要的東西，你應該避免用貸款或是信貸來支付想要的東西。

你應該做的是，在合理的社區租合理的房子，然後用你可以存下來的錢來累積資產。當資產增加，你可以用這些資產所創造的現金流購買負債的能力就會增加。到時你可能會買進負債，但是付錢的人不是你，是你的資產在幫你付錢。

必輸的循環：通往痛苦和悲慘的道路

我談「必輸的循環」已經很多年了，以前只是拿來建議別人如何理財，但是現在這已經變成一種全國性的危機。有錢人變得更有錢，中產階級被往下推。他們就是這樣對待我們其他人的，只有真誠的評估和刻意避開，才能夠戰勝這種情形。這是永無休止的競爭，就像小倉鼠在黃金牢籠裡的滾輪上跑一樣。不管怎麼說，許多人就是這樣陷入財務牢籠，但這很容易就可以避免。

如果你違反無限人生的三大禁忌，你勢必會身陷必輸循環中。以下是個簡單的說明。必輸循環就是當你必須用工作來償還負債，但是你賺的錢不足以支付你的開銷和償還負債。

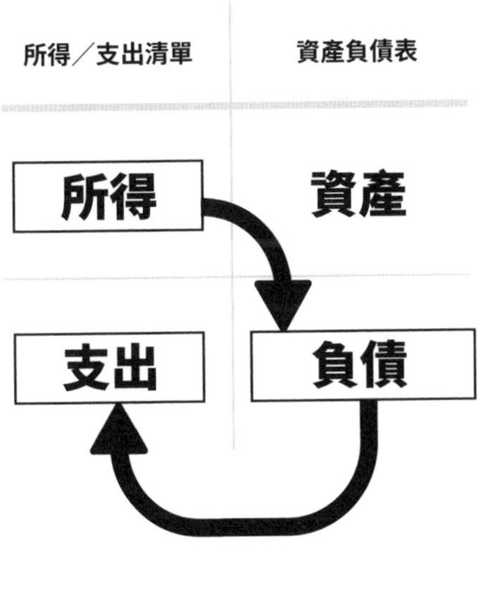

結果，你必須用更多的負債來支付你的開銷。你的負債增加、沒有資產，結果你的負淨值一直增加。到了最後沒有人會給你信貸，而且你會發現自己不是破產就是流落街頭。而且，沒錯，這種事可能會發生在任何人身上。

如果你用貸款買車、用房貸買屋、用學貸念書，或是用信用卡買一大堆很好的傢俱，你最後就會陷入必輸循環。必輸循環是通往嚴重痛苦與悲慘最直接的道路；必輸循環會讓人的健康亮起紅燈、婚姻失和，有時候還會害人喪命。不相信我嗎？在美國，富豪平均壽命比窮人長十二年。[1]

這個循環所創造的問題是，你拚了老命在工作，卻只是累積更多的負債而已。你在扛水桶，償還信用卡債、房貸、學貸、不動產稅和車貸。你一直買東西而且只支付信用卡的最低應繳金額，然後就沒剩下多少錢了。因為你沒剩下多少錢，你必須用信用卡支付一些開銷，所以應繳餘額每個月都在增加。

你可能會說：「哦，我不會變成這樣。」但是我卻常常看到這種事。大部分的美國人都正在某種財務風暴中，這通常是他們自己造成的，而且他們說服自己沒有這些負債——告訴自己這是他們買的資產，但是他們根本窮到脫褲。當我看到他們的銀行對帳單時，情況就很明顯，而且他們經常會出現暫時性失憶，忘了自己有這些負債。

「哦，我忘了我的助學貸款。我忘了我還有車貸要繳。金額很小。我根本沒想到信用卡。要繳的錢很少。」這些都是鬼話連篇！你必須對自己殘忍而且誠實，把所有金額都算進去。不這麼做，就會造成痛苦和悲慘。這就是很多人離婚的原因，這就是很多人健康出問題的原因，這就是很多人失去希望的原因，這就是很多人酗酒和嗑藥、自殺的原因，問題多得不勝枚舉。這些問題來自必輸的惡性循環，導致人們失去希望。如果你發現自己陷入這個陷阱，你漸漸支付不起自己的開銷，那你就是用負債來支付開銷。你在幫別人創造財富，你身在財務牢籠中。請你把這當成瘟疫一樣，避開它。而且，避開這個瘟疫的方法就是避開「無限人生的三大禁忌」。

無限人生的第一大禁忌——不要用負債來支付開銷。絕對不要。

無限人生的第二大禁忌——不要用收入來買負債。絕對不要。要用資產來買負債。

無限人生的第三大禁忌——不要用負債來買負債。絕對不要。

只要這麼做，你就可以避免陷入必輸循環中。必輸循環只會帶給你痛苦和悲慘。就算聽起來很像在說教，你也得乖乖聽進去。

第八章 擺脫困境、獲得自由的三個關鍵

查理有一天開車回家時聽著廣播，廣播中一位理財專家正在告訴聽眾，不要買好車、住在小房子裡、盡可能把錢存起來留著退休。當聽眾打電話進去時，他們會因為想要好的東西而被專家罵，因為主持人說，他們不需要這些好東西。查理心想：「我喜歡好的東西，這樣表示我是壞人嗎？」他又繼續想：「世人的確是太奢侈了，但我認為如果你負擔得起，開好車並不算是奢侈。」他把廣播關掉，回家路上都不再聽了。

接下來的週末，查理和太太受邀出席朋友的派對。當他們抵達時，查理看到一位事業非常成功的朋友開著一輛好車，而且他似乎總是很快樂。查理告訴朋友在廣播中聽到的內容，朋友說：「那個廣播主持人可能認為好車很貴，是浪費錢的東西，所以他認為沒有人應該開好車。如果他認為大房子太奢侈，那就沒有人應該住大房子；如果他認為擁有好的東西太奢侈，那就沒有人應該擁有好東西。」朋友繼續說：「如果真是這樣，這個世界真是太糟糕了。」查理問朋友，他認為那位主持人到底想說什麼。朋友回答，我們都有一種不好的習慣，那就是把自己口袋裡的東西放進別人的口袋。換句話說，「因為他們自己負擔不起這些東西，所以他們就相信這些東西太奢侈」。

朋友說的話讓查理思考了很久。為什麼有人想要買法拉利？有些人永遠無法理解，因為那種車對他們來說太貴了。在那位廣播主持人的心中，他們必須很辛苦工作才付得起那輛法拉利，但是這不值得，所以沒有人應該買法拉利。

查理接下來的一週繼續思考這個問題，並了解同樣的道理也適用於手機、鞋子、衣服，任何可能被視為權衡性消費的東西。那麼食物呢？你應該再去好餐廳吃飯嗎？

不久後，查理在開車時又聽到這位主持人的廣播節目。這位主持人告訴某個人，他應該每天晚餐都吃起司通心麵，然後把錢省下來。這時候，查理就發誓再也不聽這個主持人的節目了。

遠離螃蟹

在美國，查理的情況每天都在發生。許多成年人很不快樂，他們表達的方式就是對任何願意聽他們抱怨的人說制度被人操縱，或是不公平。我稱這些人為「螃蟹」，因為他們的直覺就是把別人一起拖下水。如果你去捕過螃蟹就會發現，螃蟹不會同心協力逃出桶子。事實上，牠們做的正好相反——如果有一隻螃蟹快逃出去了，牠們會把牠拉回去。像螃蟹那樣的人會對你說所有你不能做的事，以及為什麼你會失敗。他們在阻止別人實現夢想時，會有一種變態的愉悅感。

想要投資股市嗎？螃蟹會告訴你，你會賠光所有的錢，因為那是個騙人的手段。想要開公司嗎？螃蟹會告訴你，90％的小企業在第一年會倒閉。想要投資不動產嗎？螃蟹會告訴你，大衰退時所有人都因為不動產而慘賠。

你明白了嗎，螃蟹總是急著勸阻別人，而且他們提出的事實幾乎百分之百是錯誤的。這些人會告訴你，只有貪婪的人才會開好車，只有自私的人才會擁有好房子。他們會把自己的觀點強加於你，把自己的經驗說成是神聖的智慧，他們只是想幫助你。但他們真正做的是散播自己的痛苦，因為痛苦的人見不得別人好。如果他們可以阻止你逃出蟹桶，他們就不會覺得自己那麼慘了。

其實，想逃離桶子很容易，尤其是如果有人幫忙就更容易了。如果你是困在桶子裡的螃蟹，你要找誰幫你逃出桶子？同樣困在桶子裡的螃蟹，還是已經逃出去的螃蟹？當然要找已經逃出去的螃蟹啊。可惜的是，現在大部分的人都活在桶子裡，而且不願意看到別人逃出去。相信我，如果你想要逃離桶子，就不要聽那些還困在裡面的人的話——要聽那些已經逃出去，並且每天都在幫助其他人逃出去的人的建議。

我就是已經逃出桶子的人，我會這樣建議你：你當然可以享受好東西，但不要為了好東西而無謂的打拚。你應該要買的是能創造足夠的金錢以支付好東西的資產。別再想你要努力工作才能買法拉利了，你要努力的是買一個會創造足夠收入，讓你買得起法拉利的資產。讓那個資產幫你買法拉利，那麼你想要幾輛法拉利就能買幾輛法拉利，你已經不是在買法拉利了，你買的是會為你支付法拉利的資產。

你當然可以享受好東西，但不要為了好東西而無謂的打拚。你應該要買的是能創造足夠的金錢以支付好東西的資產。

這就和有些公司的執行長坐在寬敞的辦公室、開舒適的公司配車，或是使用公司的噴射機一樣。如果這一切可以帶動獲利提升，那麼對美國企業來說就沒有關係。但是相較之下，個人擁有好東西卻被認為是種罪惡。我不是要批評你如何使用你的資產，我只是要說，你不應該用勞力來支付好車，你不應該用勞力來支付房貸。你應該買資產，讓它來支付這些東西，那麼揹房貸和車貸就沒有關係了，因為你不必工作來支付這些費用。是你的資產在幫你付錢。

如果有人對你說：「嘿，我想送你這輛很好的賓士車，而且我會幫你付所有的帳單。連和汽車有關的稅，我也一併幫你繳了。」這樣你還會拒絕嗎？還是你只會向對方說謝謝？如果你為非營利組織工作，組織裡有人對你說：「嘿，我們有公司配車，而且是很好的車，因為經銷商給我們很好的價格，簡直是送我們的。」你會拒絕使用公司車嗎？換句話說，你反對的是車，還是車子的價格？如果你不反對車，那就開吧；反正貸款不是你在支付，所以車子的費用對你來說並不真實。如果你的資產（譬如出租用的房產）在支付長期租車費或是車貸，那就儘管把車開走吧。或者如果你把這個資產創造的收入存起來，然後用一大筆現金來支付這輛車的錢，那也不是你付出勞力購買。這樣就更好了。

有些人不想要法拉利，我會對這種人說：「很好，我也不想要。我開貨卡車感覺比較自在。」但我不會叫他們買一輛貨卡車，就像我不會叫他們買法拉利一樣。我只會說：「如果那是你想要的，就要確保你有資產幫你付錢。」我不會叫他們住在一千五百平方英呎大的房子裡，也不會叫他們住在一萬平方英呎*的房子。我會說：「如果那是你想要的，請確保你有資產會幫你付這筆錢。」這是不同的思考方式，但是差別卻很大。除此之外，當你買得起某樣東西時，它對你就會**越來越沒有吸引力**。

* 譯注：一千五百平方英呎約四二坪；一萬平方英呎約二八〇坪。

如果你遵守「無限投資」的規則，就再也不必擔心需要工作才能買好東西了。這是因為你購物會是正確的行為順序，就像早上起床穿衣服一樣。如果你習慣先淋浴，擦乾身體然後再穿衣服，看起來非常簡單。但是如果你的順序相反，先穿衣服、擦乾身體再淋浴，你就會全身溼透。做事情的順序非常重要。

理財就是這樣，尤其是對「無限投資人」來說更是如此。有智慧的人會買進資產，讓資產為他支付開銷，然後讓資產支付負債。這很簡單，對按照順序的人來說似乎很容易。如果你把順序反過來，先買負債、利用收入來支付開銷，最後才試著買進資產，你就會發現你沒有錢可以買資產。你全身都溼透了。了解正確的順序並遵循規則（接下來我們將說明規則）不只很重要，而且很簡單。就像早上穿衣服一樣簡單。

有智慧的人會買進資產，讓資產為他支付開銷，然後讓資產支付負債。這很簡單，對按照順序的人來說似乎很容易。

規則一：用收入來買資產

首先，我們要遵守規則一，這是個很簡單的規則：用收入來買資產。這是指用你的收入來買一些能餵飽你的東西。你可能會想：「嘿，我買不起昂貴的資產。」那是你以為我叫你去買一大堆出租用的房子，或是你會想：「但是我連開銷都快付不出來了。我沒辦法借錢給別人。」如果這是你的想法，那就從小地方開始。你可以先從買一些股票開始。

例如，你可以去網路券商羅賓漢（Robinhood）開零佣金帳戶。只要花

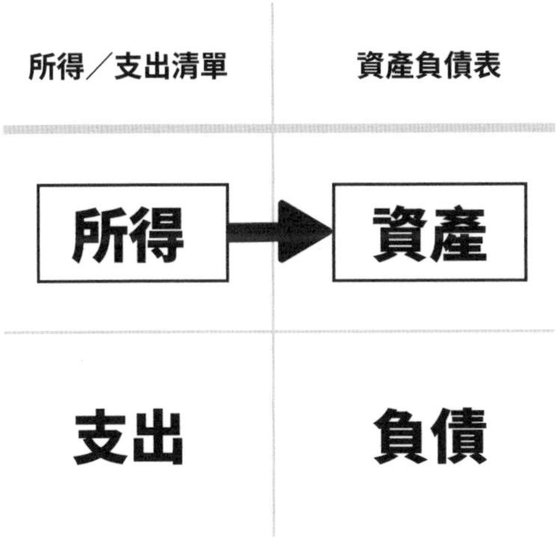

十五分鐘就能填寫完所有的資料。他們需要幾天的時間核准帳戶，然後你就可以買進會創造股利的股票了。當你買進支付股利的股票時，你就是買進資產。現在你已經遵守規則一，用收入來買進資產了。

你可能還是會說：「等一等。我還有這麼多開銷。」好吧，沒關係。如果這樣，你可以利用你的所得差。在你省下來的錢之中拿一部分出來，買會為你創造收入的資產。同樣的，你可能開始累積會創造收入的資產組合，這些最終能為你支付生活的開銷。一開始你是在累積資產的階段。

你要把錢用來買這些資產，你也可能把這些資產賺的錢再來買更多資產，這樣資產就會像滾雪球一樣，直到你累積了資產的基礎。但是，第一步是努力把收入拿來買資產，而不是負債。

規則二：用資產來支付開銷

規則二就是用你的資產來支付開銷。記住，這些資產包括諸如房租、版稅、利息、股利和短期資本利得。你用資產來支付你需要和想要的東西。這時就要好好審視你想要的東西——我不是在叫你改變生活習慣，除了一件事之外。如果你已經在「必輸循環」中，那你就必須改變生活習慣，才能讓無限收入為你工作。

但如果你不在「必輸循環」中，你就有比較多空間。我不會告訴你不能去星巴克，我只是要強烈敦促你放聰明一點，把累積資產基礎放在第一順位。相

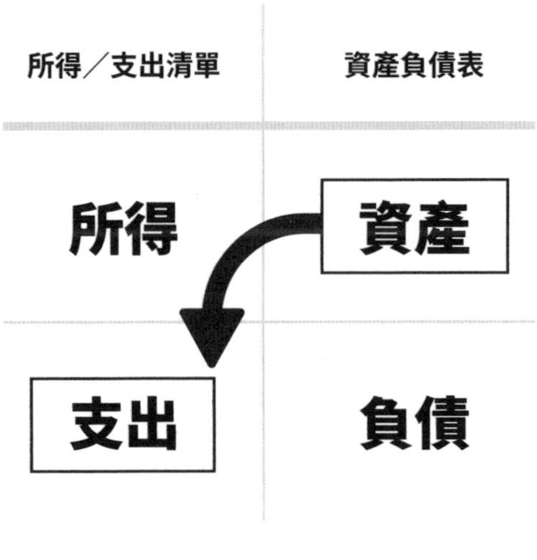

反的，如果你想花錢買某個你想要而且很昂貴的東西（也許是個負債），你可能會事後後悔，而且想：「真是浪費錢。早知道就把錢拿來買資產。」當你越接近累積足夠的資產以支付你的開銷時，就會越覺得是這樣。

對許多人來說，這一步可能花的時間最久，因為你想要和需要的東西會隨著時間增加而變多，尤其如果你有家庭更是如此。但是如果你仍持續遵守規則一，並繼續投資於資產，這些資產也會繼續成長，而且成長的速度可能超過你花錢的速度。為了給自己一點激勵，你可以想像一下，當工作變成自願的那一天，也就是當你的股票與不動產投資組合，有足夠的收入可以支付你需要的東西的那一天，就是你自己選擇要不要工作的時候了。

規則三：用資產來支付負債

規則三是用資產來支付你的負債。如果你想要開瑪莎拉蒂跑車，我不會叫你不要買。我再重複一次，無限投資的規則是，你需要會創造收入的資產來支付這輛跑車。如果你想要擁有豪宅，那就讓你的資產來支付房貸。讓你的資產來支付任何貸款或是租金費用。

我不是叫你不要買想要的東西，只要你不需要一整天到村子的水池辛苦扛水就好。建造自己的水管來運水，這樣就能讓水自己流進來。遵循這個規則就能創造每月、每季、每年進帳的資金流。用這筆資金來買你要的房子，就放手去買吧；想用這筆錢來買大車？就放手去買吧。請先確定你有足夠的水流入水管中，可以支付這些東西的費用，這樣你才不用花自己的錢來買。你的資產會幫你支付這筆錢。

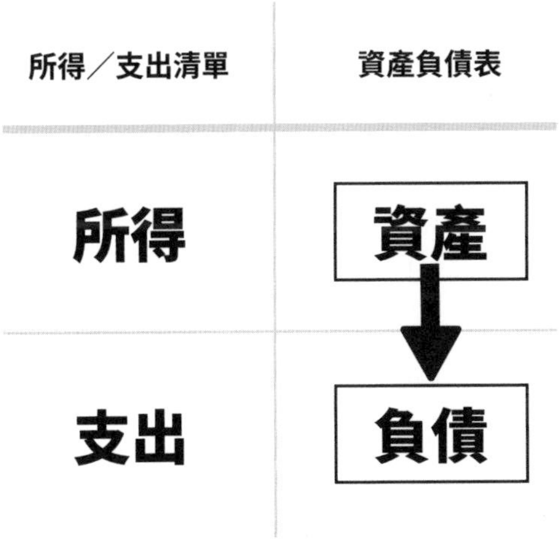

如果你還沒到那個程度，只要繼續累積資產，直到資產可以提供足夠的錢來支付開銷。如果你觀察金字塔頂端2%的人怎麼用錢（而且請記住，你賺的辛苦錢會被國稅局懲罰），他們賺到錢之後馬上又會投入創造無限收入的資產裡。以出租房產為例，他們知道出租所賺的錢可能不需要繳稅，因為有一種東西叫做折舊。他們把租金收入和購買房產的錢相抵銷，這樣他們就不必繳稅。* 你可以這樣想：

如果我打水所賺的每一塊錢，都可以自己留下七毛錢，因為我平均必須支出三毛錢的稅。身為員工，他們**賺錢**都要**繳稅**，然後**花**剩下的錢。

如果我是靠水管賺一塊錢，我就可以保留一塊錢。這是因為公司還有其他投資標的都會賺錢、花錢，剩下的錢才要繳稅。在許多情況下，投資所得繳的稅比勞務報酬所繳的稅還要少。舉例來說，如果我一年賺四萬美元，我的聯邦稅率高達12%；股利也賺了四萬美元，但繳的稅率卻是0%。如果你有投資，你的購買力幾乎一定高於靠勞務付出賺的錢。**

如果你遵守打造財富的路徑，忽然間你就會有很多錢，因為你不必繳和薪資所得一樣高的稅率，你可以用這些資產來支付你的開銷。雖然資產在支付你的負債，但你還可以做一件事，那就是拿資產來槓桿。意思是，用你的資產來借貸（舉例來說，信貸額度或貸款），並用這筆錢來買更多資產以創造複利效果，並持續成長。

重要的是，如果使用槓桿，就一定要計算你的報酬，並確保是正報酬。這是非常有效的工具，但是如果你為槓桿而付出的錢比賺到的錢還要多，那就會

---

* 【台灣制度的差異：租金稅率】出租房屋之所得計算，以全年租賃收入，減除必要損耗及費用後之餘額為所得。所謂的「必要損耗及費用」包括：折舊、修理費、地價稅、房屋稅、產物保險費及向金融機構借款購屋而出租之利息支出等。如果無法逐一列舉，也可以租金收入的43％為費用率直接減除。（鄭惠方／惠譽會計師事務所主持會計師）

** 【台灣制度的差異：股利收入的稅率】投資股票的所得主要有兩類：股利所得及證券交易所得。個人股東獲配的股利可自行選擇兩種方案擇一課稅：一種是「股利所得合併計稅」，所領到的股利和舊制一樣要併入綜合所得總額課稅，但可用股利乘以8.5％計算可抵減稅額，再用來抵減綜合所得稅之應納稅額，每一申報戶可抵減稅額上限是八萬元，抵減有餘還可退稅；另一種方案是「單一稅率28％分開計稅」（仍合併申報）。買賣股票的所得則是證券交易所得，目前免稅。（鄭惠方／惠譽會計師事務所主持會計師）

傷害自己。所以，當你買進現金流資產時，一定要計算，但是不要忘記槓桿的力量。

持有資產的影響

當複利帶動資產成長，一開始成長速度比較慢，然後動能開始加大，然後成長速度就會變得非常快。這叫做指數成長（exponential growth），複利資產開始成長一定會長這樣（請參閱左圖）。

你持有的越久，複利的作用就越大。盡可能持有資產越久越好，這樣才合理。許多家庭的問題在於複利資產的世代承繼。舉例來說，爸媽不斷儲蓄，他們累積巨額的複利開始累積資產；價值開始增加，父母仍持有這項資產，然後有一天他們不幸過世了。世代之間通常相隔三十年。通常發生的情況是，繼承人賣掉所有的資產——**忽然間**！指數成長不但停止了，還變成了花費。賣掉爸媽的資產導致它們的價值耗盡，而且收到的錢通常會被隨意花掉。資產通常在以極高速成長階段前就被賣掉了。

如果父母夠早開始規劃，或是禁止繼承人賣掉資產，它們就能達到高速成長。這就是好的資產規畫。這是負責任的財富管理方式，財富就不會耗盡，而是會高速成長，並提供收入。我稱這個為二十年計畫。這個概念是，只要有足夠的時間，不論你一開始投入多少錢，複利都會創造指數成長。在經歷夠長的時間後，就算是一分錢也會因複利變成一百萬美元；它只是需要時間。所以要

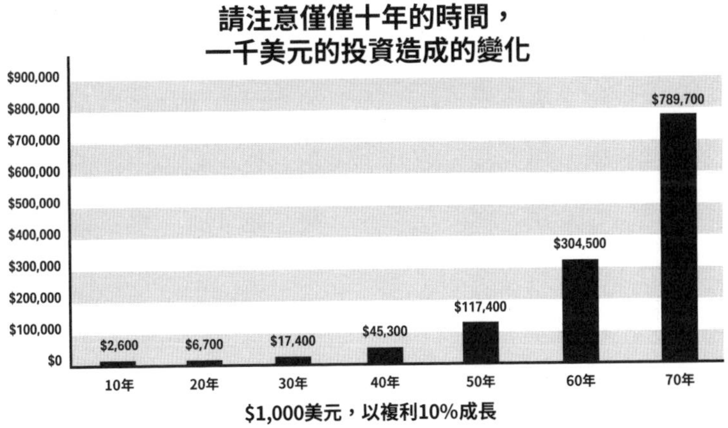

創造世代傳承的財富，我們只需資產和時間，它就跟橡實變成樹一樣。

記住，你在玩大富翁。你要先買進資產，你在最初的幾輪要用錢買進出租用的房地產，當你擁有足夠的房地產後，就可以換成飯店或其他大富翁的資產。在真實世界中，你可以馬上開始，一開始先買進股價不到一百美元、而且會發放股利的股票。如果你明天想買進一股，馬上可以使用羅賓漢的零交易費服務。你可以現在就這麼做，馬上就創造收入，然後把這筆錢拿來支付你的開銷。

與其辛勤工作以支付房貸、車貸、學貸，或是高利率的信用卡債，倒不如擁有會創造足夠收入的資產來支付這些錢。富豪就是這麼做的。金字塔頂端2%的人賺取收入，然後買進資產，再用這些資產來支付開銷和負債。

試想前一段我說的「辛勤工作以支付房貸、車貸、學貸」，把這句話改成「辛勤工作以買進公寓大樓」。你看出兩句話的差異了嗎？第一句話，你工作然後付錢給別人；另一句話，你是為了自己而工作。

換個方式說：「喬丹連值兩班，持續一年，才能賺到足夠的錢支付房貸。」你對喬丹有什麼感覺？

現在想一想：「喬丹連值兩班，持續一年，賺了足夠的錢存進證券帳戶裡，然後開始領取足夠的股利讓他再也不必工作。」

感覺不一樣嗎？在這兩句話中，喬丹都辛勤工作，但是第二句話讓你從本來覺得喬丹很可憐，變得有點羨慕他。第一句話中，我們看到他從事勞役；第二句話則是喬丹自由了。身為人，我們都在努力實現自由，而且直覺上就會知道勞役和自由的區別。無限投資就是在給你自由的鑰匙。

現在就是起步最好的時候

我一再強調這句話。如果你必須回去重讀二十次，直到把它記牢為止，那就一直重讀吧。要把錢馬上投資在某個會創造現金讓你支付開銷的資產。如果你沒有那麼多錢，那我就一步步告訴你該如何實現。

我和安德森企業顧問的執行長大衛．蓋斯（David Gass）聊天時，談到一位我們都認識的財務規畫師。有一對四十歲出頭的夫妻來到他的辦公室，他們年薪約四十萬美元，他們想要退休了。理財規畫師說：「不可能。」但他還是看了一下他們的資產：他們名下有出租用房產，支付他們的開銷還綽綽有餘，而且他們生活很節儉。沒有任何負債，住的房子也沒有房貸，車子也沒有車貸。他們沒有小孩，所以沒有相關的支出。他們有足夠的資產而且不需要工作。這令理財規畫師有點驚訝，然後問他們怎麼辦到的。他們說他們總是把收入的20%存到投資帳戶裡，當錢夠多了，他們就會再買一個出租用房產。

這就是祕訣。還記得你之前看到的一句話嗎？只要時間夠久，一分錢也可以變成一百萬美元。這對夫妻就是這麼做的。他們一直把錢拿來買資產，讓投資以複利成長。他們的財富雖然增加但支出沒有增加。他們確保投資增加，並買進更多資產，直到他們有足夠的收入，除非他們自己想要，否則他們再也不必工作了。

我不是叫你現在就去買出租用房地產，我只是在告訴你他們怎麼辦到的。他們沒有賺很高的薪水，但他們做了一件很厲害的事，那就是沒有讓自己的財務情況變糟。一位我很尊敬的演說家，請她的客戶回想自己十八歲時的生活，她會問他們當時是否有負債。當你十八歲時，我猜你可能沒有任何負債。當時你的財務情況比現在好嗎？換句話說，你當時的淨值是多少？你可能會說是零，因為你沒有任何資產，而且你沒有任何負債；太好了。那現在的情況呢？你的淨值是負的還是正的？你現在比十八歲時還要好嗎？你成長了多少？如果你的淨值是正的，一年累積多少？你可以把你的年齡減十八後，用淨值除以這個數字。舉例來說，如果你六十歲，你的淨值是五十萬美元，那麼你就是從十八歲開始每年累積 11,905 美元。這占你每年所得的比例是多少？

遺憾的是，許多成年人的淨值都是負的。他們騙自己哪些東西是資產，而且高估了他們的房地產價值。他們想：「我可以把車賣了賺二萬美元。」不，他們得賤價出售，而且可能只值七千美元。他們得賣了房子，但卻從沒有仔細算過房子的實際市值，更不用說稅金和交易成本了。你應該仔細審視所有資訊，才能知道你的淨值到底是負的還是正的。

有些人會以為自己的淨值高是因為他們累積了很多東西。但如果他們真的計算一下就會知道，自己十八歲時的財務狀況反而還比較好。重點是，不要退步。從現在開始往前，你可以做精確的無限評估。如果你今天就開始並認真執行，一年後你就會發現自己多了多少「無限收入」。你會看到，你減少支出，因為你開始注意到你的支出。你會注意到你的所得差，以及你還差多少錢，而且你會看到你的差額變多還是變少。最有趣的是，你的淨值變得越來越不重要，重要的是你創造多少「無限收入」，以及你需要花多少錢。

當你開始減少差額時，你遲早可以實現「無限人生」。你可以實現的，因為只要你遵循這個指示，這只是數學的問題。就像登山一樣，只要你往上，終究會抵達山頂。只要你縮小差距並增加資產，你就會達到「無限人生」。

第九章
農奴、學徒、騎士與財富管理者

從前有個住在外國的小男孩，他和父母、哥哥住在一起。後來他們一起搬到美國，追求更好的機會。雖然他只受過幾年教育，但他在棉花工廠找到了工作。他在棉花工廠每週賺 1.2 美元。當年他只有十三歲，再也沒有回去上學。

幾年下來，男孩辛勤工作，並身兼多職，最後找到電報發送員的工作。他善於觀察並認真學習電報操作員的工作，努力成為電報操作員。他又被派到鐵路公司，然後他繼續學習並有很好的成果。當公司提拔他擔任管理職時，他只有十八歲。

男孩看著身邊事業有成的人、做和他們一樣的事——投資於各種事業。他知道從身邊這些功成名就的人身上可以學到東西，而且他們很願意幫助他。幾年下來，投資有所成長，並浮現更多的機會。他變得非常富有。

男孩現在成年了，他注意到鐵路正在迅速擴建的機會。他開始投資於受惠於鐵路擴建的專案，包括橋樑和鋼鐵。最後他成立的鋼鐵公司成長到非常龐大，他把公司賣了，賺了數億美元，餘生投入幫助他人成功。

這個男孩就是安德魯．卡內基（Andrew Carnegie）。

遵循路徑

現在，你已經學會關於計算「無限計畫」所有需要知道的資訊了。再來我們要看看個人財務的幕後階級制度。如果我說，我們要將人們分成四個階級

——農奴、學徒、騎士和財富管理者，你覺得你屬於哪一個階級？

本章雖短，但你會學到階級間的差異、如何定義階級，以及如何定義你屬於哪一個階級。我稍後會說明如何從一個階級移動到另一個階級，但是首先，我們先來判斷你在哪裡。

農奴

中世紀時，農奴是受制於別人土地的人。這是一種受契約約束的勞役制度，將農奴和土地連結在一起。地主是主人，農奴工作以換取住處和一些金錢。農奴工作的收入要繳給騎士，還要支付地主的其他費用。

在這個故事中，農奴是指那些沒有足夠被動收入（或稱為無限收入）以支付需求的人。對他們來說，失去工作的後果會很嚴重，疾病或其他意外支出也會讓他們的荷包大失血，例如隔離檢疫和封城。這些人買了一堆沒有價值的東西，他們通常是買了一輛大車，每個月要繳很多車貸；或是買了大房子而扛了很重的房貸，現在他們覺得自己好像小倉鼠在滾輪上跑步一樣。我們稱這些人為農奴，是因為他們賺的錢都給別人了。如果你還記得淨值如何計算（資產減掉負債），你現在大概就知道，你手上的負債可能是別人的資產。持有資產的是銀行、信用卡公司、車貸公司或是房貸機構；持有負債的人則是你，而且通常要很辛苦才能繳出貸款。我們會看清楚你是不是這樣的人。

就像中世紀的農奴一樣，現在的農奴也受制於其他人。他們的工作為別人帶來快樂，他們住的房子是別人的，他們要依賴別人才能獨立生存。一眨眼間，生活可能就發生變化，沒有準備好的農奴會發現人生變得天翻地覆。

學徒

中世紀的學徒致力於學習一門技藝，並且要經歷不同的階段才能出師。簡言之，他們在精通某項技藝的道路上。他們通常有別人的資助，但是他們也知道別人的資助是為了讓他們成為師傅。他們幾乎總是能獲得騎士的偏愛，而且他們也預期自己有朝一日成為騎士。

在無限人生的制度中，學徒是指即使有意外支出也付得起的人。他們的基本需求已經被解決，不論發生什麼事，都有一筆被動收入幫他們支付。如果他們必須少買某些想要的東西，他們還是可以過著體面的生活。他們有足夠的收入來支付他們的需要，他們只要少買一些自己想要的東西，就可以撐過艱困期。

騎士

中世紀時，騎士的身分是許多人追求的目標，因為他們的技藝精湛，又有良好的品德。他們提供的服務讓他們得到土地和金錢，因為他們了解並且精通武術。

先別管中世紀的情況，我們來看看在無限投資的世界裡，這些人的角色是什麼。騎士學會了無限資產如何運作，因此他們不再需要工作。騎士已經有能力支付他們需要和想要的東西，他們在無限人生計算出的淨值上也已經達到了「無限」，他們想做什麼都可以，他們可以永遠靠無限收入過日子。

騎士通常有好幾個學徒，因為騎士喜歡分享這個階級的喜悅。騎士會幫助學徒和農奴，試著引導他們走向自由。因為他們不必工作而且知道該怎麼做才不必工作，他們非常喜歡挑戰，而且想要有所貢獻。你會發現，騎士對於自己認為重要的事都會勤奮不懈的努力；你也會發現，騎士越來越重視他們所流傳下來的名聲，以及一輩子樂於助人。

但世界上也有不好的騎士，他們會造成破壞。壞騎士通常是例外情況，壞騎士通常沒有財富管理者（我們等一下就會看到這是什麼）而且是游牧民族，他們四處晃盪，沒有目標或價值觀。在中世紀時，這些人就是傭兵或是出賣技藝的武士，除了打鬥之外沒有別的人生目標。

當然，他們還是有希望的。如果他們下定決心認為某件事很重要，他們就會努力成為財富管理者。只要有足夠的時間和欲望，幾乎所有騎士都可以成為財富管理者。事實上，也有騎士的子女成為騎士後，接著打算成為財富管理者。

財富管理者

最後是財富管理者，他們有足夠的金錢可以支付自己的需要、想要、以及希望得到的東西。財富管理者通常會成為慈善家，大部分的時間都用來幫助別人，因為對他們來說幫助別人很有成就感，而且他們有能力這麼做。像安德魯・卡內基和比爾・蓋茲（Bill Gates）這樣的人，就是知名度相當高的財富管理者，還有上百萬的人在實現了無限人生後，他們有足夠的財富可以買下任何想要的東西，最後他們開始幫助別人以獲得滿足感。他們有很多錢，也用很多錢來幫助他人。看看比爾與梅琳達・蓋茲基金會做的事；華倫・巴菲特（Warren Buffett）的淨值預估高達七二〇億美元。他們都已經承諾要將99%的淨值捐出去。這些人是真正的財富管理者。

你可能會說：「等等，每個人都對社會有某些貢獻。」但是財富管理者用他們的財富提供影響力很大的貢獻。以卡內基為例。他在一九〇〇年代是最富有的人。他在一八九九年寫了一篇文章，標題為〈財富的福音〉，並刊登於《北美文摘》（*The North American Review*）。文中指出，富人是窮人的信託者。他說，白手起家賺到財富的人有責任不把錢揮霍在奢侈的東西上，也不能全部交由自己的晚輩繼承。相反的，他們應該用財富來幫助社會變得更強大。卡內基晚年的淨值預估約為四億七千萬美元（現值約為一四〇億美元）。他於一九一九年過世時，已經把大部分的財富都捐給慈善機構。

他相信，如果你很會賺錢，那麼你必須感謝社會讓你能賺到這麼多錢，所以你要用財富來幫助其他人。有人說，資本主義就是比其他制度更好，因為資本主義創造動機，讓有某種專長的人們繼續專精於這項專長。

創新讓我們不把資本主義當成壞事。如果你很會賺錢，那麼你就應該賺錢，但要把你賺來的錢用於回饋社會。

換句話說，如果有適當的動機和社會壓力要把錢用在有助於社會的事情上，每個人在資本主義的社會中都會過得比較好，不論人們賺多少錢。不論你怎麼看，現在社會中經濟情況最差的人都比百年前的人要好得多。創新讓我們不把資本主義當成壞事。如果你很會賺錢，那麼你就應該賺錢，但要把你賺來的錢用於回饋社會。問題在於往往沒有足夠的動機讓人們想回饋社會。比爾·蓋茲的「贈與誓言」（The Giving Pledge）活動就是很好的例子，有財富又有動機幫助社會的人，可以對其他富豪施加壓力，將他們大部分的財富用來回饋社會。

我稱這種人為財富管理者，也就是將財富以非常不同的方式回饋社會的人。卡內基建造圖書館，他稱圖書館為梯子，能讓你達成原本認為不可能實現的事。如果你想要向上移動，你就可以讓自己走出目前的處境。圖書館致力於提供資訊給任何有動力要改變自身處境的人，這正是「無限投資」的目的。

米爾頓．賀喜（Milton S. Hershey）是另一個財富管理者的例子，我經常用他當作財富規畫的例子。他沒有子嗣，但他在一九一〇年成立米爾頓賀喜學校（The Milton Hershey School），提供孤兒免費教育。時至今日，這間學校仍有二千名學生在此就學，直至高中畢業。全額資助學校的賀喜信託因為一直使用複利賺錢，價值逾一三〇億美元。學校只是基金會眾多地方性和全國性慈善事業之一，這一切都是出自一個想幫助他人的人。這就是我所謂的財富管理者。

另一個財富管理者的例子是霍華．休斯（Howard Hughes）。他在一九五三年利用休斯飛機公司的獲利成立霍華休斯醫學院（Howard Hughes Medical Institute）——這是世界上第四大慈善基金會，也是最大的財富管理機構，並進行生物醫學研究。休斯是個與眾不同且注重隱私的人，直到他過世後，他所留下的遺產才開始成長，財富不斷複利累積至今日的規模。

這就是財富管理者——這些人的需要、想要和希望得到的東西都已經滿足了，他們可以用有意義的方式回饋社會。有些人選擇不回饋社會，但在我看來他們錯失了機會，其實非常不幸。如果你見過真正的富豪，但他仍憤怒、不快樂，通常是因為他們錯過得到成就感的機會。如果沒有適當的引導，財富可能會變成一個詛咒，所以你必須知道為什麼財富對你來說很重要。

你現在處於哪一個階級？

讓我們再來回顧一下，這樣你才能更了解自己現在的處境。最簡單的方式就是知道：農奴是無限收入比他們的需要還少的人。如果你的財富是零，那你就是農奴，你沒有無限收入，而且你的起點是正在設法累積財富。如果你有足夠的無限收入來滿足你的需求，但是不足以讓你得到想要的，那你就是學徒，你正在努力中。

一旦你有了足夠的收入滿足需要和想要，而且你有足夠的錢供應現在的生活方式，你就是騎士，你正在設法得到你希望得到的。你的無限收入，例如租金、版稅、股利和短期資本利得，這些帶給你足夠的被動收入，你想要做什麼都可以。此時你可能會說：「我希望做些什麼？我想要環遊世界。我想要做其他事。」太好了，你希望的事都實現了。現在下一步你要回饋社會，因為你本來就取之於社會。你要成為財富與成功的管理者。

在下一章，你會學到一些特定行動，可以藉此改變自身的階級。我會專注於幫助農奴或學徒，讓你們成為我所謂的股市包租公。如果你是財富管理者或是騎士，你就領先別人很多，而且知道無限投資如何運作，接下來的挑戰或許是幫助其他人，我們可聚焦於如何幫助其他農奴和學徒。然後我會介紹一個九十天的計畫，包含讓你可以遵循的具體行動。

第十章
有錢人都如何投資

聖昆汀監獄裡有一位囚犯，名叫柯提斯・卡洛（Curtis Carroll），他教其他囚犯股票交易，而且被稱為「聖昆汀的先知」。他已經被監禁了大半輩子，而且終生監禁的刑期已經服刑了五十四年——因為他參與的搶劫案失控變成殺人案。他不是股市中的一般投資人。

柯提斯入獄時還不識字，但他自己學會認字。有一天他在看報紙時，他以為手上拿的是體育版，因此對報上的資訊感到困惑。他打開的其實是金融版。

他問其他囚犯那是什麼，那位囚犯回答：「那是白人存錢的地方。」

柯提斯越研究越覺得金融市場是所有人都可以進入的市場。他在接受訪談時說，他總是在讀《華爾街日報》、《今日美國》、《富比世》等商業雜誌和報刊，他說他簡直不敢相信任何人都可以進入股市賺錢。

他邀請一些囚犯或一些監獄外的知名人士一起開辦課程，幫助人們提升金融知識。我覺得他的一些理論很值得在此一提。他說，任何真正的富豪都精通四個基本的步驟，那就是儲蓄、成本控制、謹慎借貸和多元化。

柯提斯犯法的時候只有十七歲。雖然暴力和殺人不能輕易被原諒，但他後來了解到，正是因為缺乏金融知識導致許多人走上犯罪一途。幫助人們學習如何保證財務安全，就有助於減少犯罪。柯提斯教導囚犯們股市如何運作，他用這個方式為其他人帶來希望。

傳統投資人的心態

傳統的投資情況通常是，投資人會買進他們喜歡和知道的股票，然後持有股票。這麼想並沒有什麼不對，因為股票投資大部分就是這樣——只要你有錢投資並持有很長一段時間。然而，這就是投資人陷入困難的地方，因為這需要時間，而且市場一定要上漲才有用。我就以標準普爾五百指數為例來說明，這個指數追蹤美國掛牌上市的五百間最大的公司，屬於大型整體指數，讓我們知道市場的走勢如何。它是很常用的指標，而且以目前的經濟環境來說，指數的波動幅度很大。

很多共同基金經理人和避險基金經理人設定目標要打敗標普五百。如果你觀察長期績效，就會發現不少高峰和低谷：你會看到在二〇〇〇年前的科技泡沫，標普五百指數向上漲；然後進入二〇〇〇年時股市崩盤，科技股重挫；然後在二〇〇七年時遇上不動產市場泡沫；之後是二〇〇八年不動產市場危機和後續的股市大崩盤。又因為一般所稱的聯準會製造的泡沫，使線圖往上攀升。非常多的量化寬鬆（也就是印鈔票），導致市場膨脹——有些人會說是人為造成的膨脹，總之結果是股價都漲回來了。

然後在最近一次的美國總統大選後，股市又大幅飆升了一次。二〇一九爆發COVID-19危機和後續的餘波，股市重挫。後來股市又回漲，而五百檔個股中的六檔幾乎包辦所有的漲幅。這顯示股市漲跌起伏的特性。同樣的，如果你買股票並長期持有，傳統的投資仍是好策略。

問題在於，如果你投資股票並預計在二〇〇〇年退休，要領這筆錢出來支付生活費度過餘生，那你就會覺得很痛苦。為什麼？因為股市大幅下挫，你打算變現的股票價值變得比六個月前還要低很多。股市崩盤後又反彈，又因為不動產泡沫再度重挫。下一次反彈時，因為市場已經漲回來了，所以還不算太糟。長期下來，只要你不賣股票，就不會有問題；但問題是後來股市又跌了，又開始了另一個循環。

我要說得非常清楚，這樣你才不會有任何的疑惑。買進並長期持有股票的問題只在於，當你要賣股票以支付退休、醫藥費或任何其他需要時，市場可能剛好在低點。你不能去對電力公司說：「嘿，我的股票剛跌了20%，可以等股市漲回來再付電費嗎？」不行，你必須馬上付電費。市場崩盤時，你可能得付出很高的代價。

股市本來就有漲有跌，不斷循環。股票就是這樣，會隨著時間波動。知道這一點後，如果你是傳統的投資人，而且需要在股市重挫的其中一年賣股變現，那你就會因為傳統的投資策略而陷入很大的麻煩。如果你研究二〇〇〇年的股市崩盤，就會知道股市花了十三年的時間才漲回二〇〇〇年的水準。

傳統投資人甚至是交易員都有這樣的麻煩，因為他們想計算市場的時機——別誤會我的意思，計算時機某種程度上在市場上會有幫助，但是這一而再再而三的被證明了會有反效果。請想一想，根據標普道瓊斯指數有限公司（S&P Dow Jones Indices）的資料，有92%在過去十五年一直落後標普五百；二〇一九年時，只有29%的基金經理人擊敗標普指數。這些人是抓準市場時機的「專家」，但他們抓不準時機的機率遠大於抓得準的時機。沒有道理付錢給某個人把你的錢賠掉，相較之下標普指數還好一點。

股市本來就有漲有跌，不斷循環。股票就是這樣，會隨著時間波動。

我們就來想想市場慢慢恢復的那十三年吧。這段時間很長，我可能認為：「以成年人來說，一輩子的十三年並不算長。」但是請看看你的孩子然後再思考，十三年對他們來說有多大的影響。他可能已經大學畢業，找到工作，準備搬出去。想一想這十三年來，他們可能實現的事；想一想你的錢，還有你想實現的事。當你一想到傳統投資人必須枯等十三年讓投資回本，才能超越二〇〇〇年的股價，就覺得很沮喪，不是嗎？

我向你保證，有些人在這十三年內還是可以賺錢。當然，有些投資人只是持有股票並等待；有人在崩盤時賣在谷底，結果非常慘。但有些人真的知道該如何在股市中操作，也知道每天都有機會，他們利用這些機會在這十三年中創造現金。他們到底做了什麼，他們知道什麼是你所不知道的？

富豪如何運用股市

有錢人不會做的一件事，就是不會坐著等待。他們利用股利和股票出租的方式來增加財富。他們以低價買進股票、賺取股利，利用這些股利，然後收取出租股票的租金。這四件事在股市中非常重要，而且可以為你開啟機會。說到底，有錢人不像傳統投資人，他們不會買股票然後傻傻等它上漲，而是專注於能降低風險的事。他們想要減少在市場上虧損的機率。

他們的作法就是把股市當成現金流工具——這就是有錢人投資的重要基

本方法。他們不只是利用股市的漲勢來賺錢，他們是把股市當成創造現金的工具。這可以讓你不再像坐股市雲霄飛車一樣。我之前說過，長期下來股市就是會有漲有跌。標普五百指數會上漲，然後出現賣壓，又反彈，出現賣壓後又再反彈，一直循環下去。整體來說，標普五百指數和所有美國的大型指數一樣，長期下來都會一直成長，但過程一定會有漲跌。正是因為這些漲跌，傳統的投資人如果不知道如何應對，就會因此受傷。像富豪一樣交易與投資，你就能避免因為股市波動而受傷，並創造一致的現金流。然後你的股票就會變成你的成長工具。這麼做的好處是，你的股票可以每季、每月，甚至每週為你帶來現金流。

祕訣在於，他們從來就不需要以賣股票來支付所需的東西。他們不會在股市崩盤時被迫賣股票。他們花時間了解某些個股是資產，會創造現金流，而且他們了解如何利用這個現金流來使獲利成長。簡言之，他們看股市的方式和大部分所謂的專家不同，並把股市變成現金流機器。

專注於股利

你馬上要做的事，就是開始尋找支付股利的個股。在前幾章中，你已經學到股利就是公司分享的財富；這是公司獲利的一部分，然後公司支付給所有的股東，體質越健全的公司就越能支付股利。所以，新的公司，例如那些知名度很高的科技公司，通常會進入很大的成長周期，它們不會支付股利，會保留現金再投資，讓公司持續成長。公司需要現金收購其他公司或因為還沒賺到一致的獲利。另一方面，較穩定、已有規模的公司已經成長了好一段時間，而且有穩定的獲利，這些公司會以現金股利回饋投資人，而且會持續支付股利。

你可能會想，股利對你有什麼用。這值得深入研究嗎？你可能已經知道，持有現金並不是好主意。除非現金能幫你賺回一些報酬，否則年初時的一美元，到了年底會變成〇．九八美元。這是因為通膨導致長期下來物價都變貴了。美國的平均年通膨率大約是2％。如果你能把錢放在至少與通膨一致的投資上，那你就可以達成損益兩平。相較之下，如果你持有現金，就會虧錢。股利通常是對抗通膨的避險方式，大部分公司支付的股利會高於通膨，所以股利可以讓你略為打敗通膨。

我認為第二件事比第一件事更重要，而且更刺激，那就是支付股利的股票績效通常比不支付股利的更好。這是因為持續支付股利的公司長期下來都有獲利，而且可以持續支付股利。長期一致的股利就是你選股的好辦法。如果你已經知道哪些公司的績效比其他公司好，何不從這幾檔個股開始？

自動再投資

另一件要記住的事是，當你持有會發放股利的個股時，你就有一些優勢。如果券商同意，你可以利用股利再投資方案（dividend reinvestment program, DRIP），這能讓你自動將股利再投資到股票中。方法就是在公司支付股利時，把股利的錢直接存進你在券商的帳戶裡，然後再買相同的股票，你的投資就會持續增加。設定股利再投資的好處是，你什麼事也不必做。股利再投資會自動買進更多相同的股票。另一個選擇是部分股利再投資，也就是把股利一部分的錢用來再投資，剩下的部分可留下現金，你甚至可以每季領出一些錢。這樣你就有一個投資工具，也就是你的股票，它會給你更多股票或是一些現金報酬。不論是哪一種方式，對投資人來說都很棒。大部分券商有這個方案，但並非所有券商都有，所以一定要去找提供這項功能的券商。

股利是使財富複利成長的因子，意思是長期下來，原始投資和複利因子會開始呈指數型成長。舉例來說，從一九二九年開始，股利就占標普指數報酬率的40%，但年報酬率只有約 3～5%。當我們看著股利的金額時，看起來好像很少，但是長期下來會非常可觀。

股利之王

在眾多支付股利的公司中，有一小群被稱為股利之王。股利之王是五十年來持續支付股利、而且股利不斷成長的個股。很棒吧？

這麼想吧。奈德叔叔來找你並說：「我要你投資我的公司。」你說：「好，奈德叔叔。我給你的公司一些錢，但我要收到報酬。我可以借錢給你，但你付利息給我，或者我投資你的公司，你的獲利要給我一部分。這樣我的投資才有回報。」這是老派的投資方法。你出資，然後預期會有一些回報。

時代變了，投資方法也不同了——雖然未必比較好。看看所謂的尖牙股（FAANG）——也就是臉書、蘋果、亞馬遜、網飛和字母公司（Alphabet）旗下的Google——都是目前最受歡迎且績效最佳的幾間科技公司。問題是，這些公司都不支付股利。事實上，亞馬遜在最初的九年一直虧損，後來才開始轉虧為盈。這些公司根本不付股利，但人們仍持續投資，並希望公司持續成長，股價繼續上漲。我們都被唬了，以為投資會持續成長的公司，價值會一直增加。你願意冒這個險嗎？

告訴你吧，這種公司就算成長獲利，你也不能拿來花掉。如果要花掉公司的成長獲利，就必須賣掉股票，如果你賣股票，就要繳稅。不要以為用個人退休金帳戶或是401(k)帳戶賣股票就不用繳稅，錯了，當你領出這筆錢時還是得繳稅。唯一的例外是羅斯401(k)帳戶，或是羅斯個人退休儲蓄帳戶。（另外要強調的是，每個年輕人都應該有一個羅斯個人退休儲蓄帳戶。這是很好的存錢方式，你永遠也不必繳稅，而且如果緊要用錢，也可以從這裡領出來。）

我們再回來談股利之王。之所以把錢拿來買這些公司的股票，是因為你的投資會收到回報。以美國電報電話公司為例，這間公司目前支付股東5～6％的股利。這很有意思，因為即使公司還在摸索未來的路，卻還是每季支付相當高額的股利給股東。他們光是支付你的股利就高達5～6％。這還不包括任何股價上漲的部分。公司因為使用你的錢所以支付股利給你，而不是你付錢給公司。所以是誰在為誰工作？

在我撰寫本書時，全美只有三十間公司符合股利之王的頭銜。這些公司包括可口可樂、嬌生、寶鹼（Procter & Gamble）和勞氏公司（Lowe's），我只是列舉其中幾間。這些公司的共同點是它們全都支付股利，而且至少五十年來都持續調高股利。只要稍微指導你如何判斷適當的時機買股，投資股利之王可以讓你跟著這些大公司一起累積獲利，而且不必承擔追逐市場的風險。忽然間，你的高品質投資選擇變得更集中，你的投資選擇更清楚了。

如果你用來投資股票的錢之中，有5～6％要付給基金經理人，而且每次買進或賣出，經理人就可以領到一筆錢，如此一來為什麼要讓他們搜刮你的帳戶？投資人為什麼要這麼做？因為他們不懂。你要做的是，挑選超級安全而且一直以來都會支付股利的公司。為什麼要把錢拿來押注在從來不支付股利的公司上？你只是給他們一筆免稅又免利息的貸款，然後你押注公司會成長，並希望長期下來能拿回你的老本。如果你忽然需要一筆錢，就必須以市價賣掉，然後你賺到的獲利還要繳稅。把這種公司和付你錢的股利之王比較一下：股利之王付給你的股利還可以幫你支付生活費。

如果你還是覺得不好，請想一想。如果你在一九九一年初時，分別在股利之王和標普五百指數投資十萬美元，差別就很大了。而且請記住，標普是大家都想打敗的大盤。在這段期間結束時，你投資在標普五百的十萬美元會價值上升為1,370,419美元。相較之下，相同金額投資在股利之王清單中的股票，價值會是3,245,873美元。也許股利之王清單中的這些公司看起來不是很令人興奮的公司，也許你從來沒聽過大部分的公司，但你追求的是興奮還是報酬？

股利貴族

還有另一群股票值得注意，那就是股利貴族。這些公司過去二十五年來都持續支付而且增加股利，這個清單裡的公司又更多了。同樣的，這裡面也有各種產業的類股：消費性必需品、金融、醫療、材料儲備、公用事業、資訊科技、能源類股，還有更多。你可能感受到我對這些清單中類股的熱情，所以你可能會想：「好吧，我準備好了；我要上車了！」但你還是得小心一點。

雖然這些是股利之王或貴族，並不表示它們的殖利率（報酬除以股價所得到的百分比）特別高，有不少股票的殖利率只有 1.5% 或甚至更低。清單中的個股是很好的開始，但還有其他很棒的公司在較短的期間內也支付穩定的股利，這些都是很棒的股票。

十年內持續提高股利的好公司，可能也是個很棒的投資。然而，五十年來持續提高股利的公司，如果股價太高，可能是筆不好的投資。因此你在決策時需要使用一項資訊，那就是股利殖利率——買進這檔股票可以收到多少錢？

這裡就說到重點了。你怎麼知道什麼是好投資？你怎麼知道該買哪一檔個股？這需要一點平衡取捨。你想要安全，就去找長期下來很安全的公司，你買這種股票，一直持有著。你要用好的股利來平衡你的投資，所以不錯的股利給你很好的利基。下面我們列出七個項目，這是我們的智囊群組用來判斷某一檔個股是不是好而安全的投資標的，然後我將在第十二章詳細說明。你首先要做的是：學習股票的基本分析。

在看股利時，要知道公司通常是每季支付一次股利。我們以可口可樂的資料表為例來看。*你會發現這裡有一大堆資訊，包括前一天收盤價、開盤價、買價和賣價，日區間、成交量、市值、本益比等。你不必看所有的資訊，我要你注意的

個股基本資料表

可口可樂（代號：KO）

收盤價	49.83	市值	212.753B
開盤	49.80	貝他值（五年每月平均）*	0.55
買	0.00 x 1100	本益比（過去 12 個月）	23.26
賣	0.00 x 1800	每股盈餘（過去 12 個月）	2.12
日區間	49.35～50.07	財報公布日	10/16/2020～10/20/2020
52 週股價區間	36.27～60.13	預估股利與殖利率	1.64 (3.29%)
交易量	18,445,733	除息日	9/14/2020
平均交易量	15,659,242	一年目標價預估	53.55

是**預估股利和殖利率**這一項，這能讓你知道可口可樂支付多少股利。你會發現兩個數字：1.64 美元和 3.29%。1.64 美元是股利，3.29% 是殖利率。

我們先來談談股利。對了，這是全年股利，所以你持有可口可樂一整年，每一股可以賺到 1.64 美元，公司會直接寄支票給你。更好的是，如果你使用股利再投資計畫，就可以把股利拿來再投資於這檔股票，等於你買進更多股。因為股利每季支付，表示每一季你都會領到每股 0.41 美元的股利。

你看到括號中的殖利率。殖利率的計算很簡單，就是股利的金額除以目前股價，得到的一個百分比。哪一個比較重要？殖利率還是你實際收到的現金？答案是：兩者都重要，因為殖利率考量到股價有多貴。如果你有一檔股票的股

---

* 編按：資料取自雅虎財經網站的免費報價。
* 譯注：貝他值（Beta）是一個證券與標普五百比較的相對風險值。若某檔股票的貝他值是 1.5，代表該股走勢與標普相比幅度大50％。若標普漲10％，該股票會漲15％；但若標普跌10％，該股則會跌15％；因此貝他值越高，表示該證券的風險越大。

利是0.6美元，但是股價是一百美元，那你的殖利率就會低很多。這讓你大概知道投入的資金能領到多少錢。大部分人會看殖利率而不管投入的現金，但我兩者都會看。我先用殖利率來篩選，殖利率至少3%的股票很好，但如果公司的殖利率真的很高，那你可能會擔心是不是股價下跌而推升殖利率。這叫做**高殖利率的危險**。

如果以福特為例，回到二〇一八年時，福特股價是十八美元；到了二〇一九年，股價剩下八美元。二〇一八年時福特的殖利率約5%，因為股價下跌，到了二〇一九年殖利率上升到8%——看起來真的很棒。當你看個股資訊時，發現殖利率真的很吸引人，但股價一直跌讓你很擔心，所以你會選擇低殖利率但股價較穩定的個股。

在學習有關股利的資訊時，有幾個重要的用語要知道。這些在股價資訊中不一定會看到，但仍然很重要。其中一個就是**股利宣布日**，這是董事會宣布「嘿，我們要發股利了」的日子。**股權登記日**就是登記有權領取股利的股東名單截止日。等一下就會看到，報價資訊中還會提供**除息日**，是指在這一天以前必須持有股票才能領取股利，而且這個資訊非常重要；如果你在這天之前沒有持有股票，就不會領到股利。最後一個是**支付日**，這是指帳戶裡收到現金或是因為股利再投資方案而得到更多股數的日子。但是，最重要的日子還是除息日——尤其是如果你還沒持有這檔股票，你想要買進以領取股息，那就要在除息日之前買進（美股投資人稱為X日）。

個股基本資料表

可口可樂（代號：KO）

收盤價	49.83	市值	212.753B
開盤	49.80	貝他值（五年每月平均）*	0.55
買	0.00 x 1100	本益比（過去 12 個月）	23.26
賣	0.00 x 1800	每股盈餘（過去 12 個月）	2.12
日區間	49.35 ～ 50.07	財報公布日	10/16/2020 ～ 10/20/2020
52 週股價區間	36.27 ～ 60.13	預估股利與殖利率	1.64 (3.29%)
交易量	18,445,733	除息日	9/14/2020
平均交易量	15,659,242	一年目標價預估	53.55

回顧可口可樂的報價，我們來仔細看看除息日。看到可口可樂的除息日，二〇二〇年九月十四日，也就是你必須在九月十四日前持有這檔個股，才能領取股利。記住：如果你買股票是為了股利，就必須在除息日的前一天買進股票（也就是X日）。公司通常會在網站上公布支付日，你就會在這一天收到股利。下表是可口可樂的網站公布即將支付的股利：

現在你知道股利是什麼了。你知道殖利率是怎麼計算的，也知道可以從中得知的資訊，你就可以利用這些資訊來篩選股票了。你知道哪一天之前要持有這檔個股才能領到股息。雖然現在這些資訊聽起來可能不是很有趣。

持有可口可樂股票一整年的股利是1.64美元？如果你持有一百股，就可以賺進一六四美元——好吧，這聽起來不太多。但我向你保證，長期下來每年的一六四美元都會持續累積。可

可口可樂（代號：KO）

即將支付股利					
除息日	金額	頻率	支付日	登記日	宣布日
9/14/2020	$0.41	季度	10/1/2020	9/15/2020	7/16/2020

口可樂已經連續五十七年調高股利了，這意思是可口可樂連續五十七年增加支付的股利，更不用說股價上漲了。

股利的力量

可口可樂從二十世紀初就開始支付股利，從一九八八年以來提高股利支付超過 2300%，而且持續提供股利超過五十七年。現在可口可樂支付每股超過 1.6 美元的股利，如果我們回去看複利對報酬的影響有多大，可以看到一九八八年時，公司支付每股 0.075 美元的股利。

這看起來並不多，但是有一群很聰明的金融專家都投資可口可樂，包括巴菲特。到了二〇二〇年，股利來到 1.64 美元。這就是股利和股利再投資複利成長的效果。長時間下來，複利的力量會給你驚人的結果，富豪就是用這個來讓投資組合與財富成長。

傳統投資方式會買進並持有、但是不使用複利，把複利策略和傳統的比較一下：傳統投資人會希望股價上漲，這樣有一天他們就可以賣掉賺錢；他們希望在漲到高點時賣掉，而不是在股市下跌時賣出。但他們忘了，賣出股票就要繳稅，所以在持有某一檔股票超過二十年後，他們意外發現獲利有一部分要送給安靜的合夥人：美國政府。

以上就是在投資股市時，你可以使用的複利工具——但還有一個效力更強大的，我稱之為股市包租公，即使股價下跌，這個方法讓你還是可以賺到錢。富豪就是在股市中當包租公，而我將在下一章告訴你如何加入他們的行列。

第十一章

如何成為股市包租公*

艾瑞克和莎拉是不動產投資新手。艾瑞克住在洛杉磯，莎拉住在明亞波利斯，但他們都看過深夜的資訊型廣告，裡面有一位大師在談如何以零頭期款購屋。他們覺得聽起來太好、太不真實了，但也決定一探究竟。他們打電話去訂購廣告上賣的資料包。艾瑞克的資料包送來時少了一半的資料，他沒有收到關

* 編按：本章內容只適用於美股。

於出租用不動產市場的資料，但他對於如何在熱門市場賺錢比較感興趣，所以對他來說無所謂。莎拉的資料包送來時則是少了關於熱門市場的資料，她只收到投資用不動產的資料。

在看了課程和研究資料幾週後，兩人開始試著做第一筆交易。他們感到意外的是，這個課程竟然有用，他們都買到了資產。他們都很興奮，因為他們知道有錢人的投資組合中總是會有不動產，也知道這是一把通往財富的鑰匙。但是艾瑞克一心只想找熱門市場，莎拉比較關切的則是現金流。

結果艾瑞克以五十萬美元在洛杉磯買了一間房子，莎拉則是以七萬五千美元在明尼亞波利斯置產。兩人都沒有頭期款，申請到了利率不錯的房貸。艾瑞克認為，因為洛杉磯的市場很熱門，他可以持有這間房子，而且房價會上漲；莎拉則並不在乎她買的房子會不會增值，她專注於尋找房客，並以八百美元出租房子。

艾瑞克對洛杉磯市場的觀點正確，他的房子第一年就增值了五萬美元。但艾瑞克的問題在於，房貸讓他一直流失現金——一年光是本金和利息就要三萬五千美元。莎拉也有房貸要繳，但一年不到五千美元，租金收入幫她抵掉這筆費用，而且還讓她有多餘的現金。

艾瑞克相信他的房子會繼續增值，所以他繼續空著房子；莎拉則因為有現金流入，所以她用這筆錢買了其他的房產，每一間房子都在創造額外的現金。洛杉磯的市場時而起伏波動，但整體而言持續上漲。艾瑞克持有房子十年，他以五十萬美元購入的房子，現在價值是七十五萬——增幅50%；另一方面，莎拉累積了十間房子，每一間房子的平均值是十萬美元，每個月也有超過四千美元的現金流入。

有一天，艾瑞克告訴一位精明的投資人，他買的房子增值很多，已經上漲了50%，他要賣掉換現金。那位精明的投資人問艾瑞克：「為什麼不把房子出租呢？」艾瑞克呆呆的看著他，又想起多年前買的少了一半資料的大師課程，他納悶，少掉的部分是不是就是關於這個資訊。那位精明的投資人評論：「艾瑞克，那是一筆不錯的報酬，但你沒有出租那間房子，而少賺了很多錢。」

出租你手上的股票

在上一章中，你學到了有錢人把錢投資在什麼地方。現在你要學的是，如何把這些投資的獲利加倍。很多小散戶都不知道這個資訊，但是在你讀過本章後，你就會和他們不一樣。歡迎進入「如何成為股市包租公」的階段，我們就開始學習這個有趣的策略吧。

我們已經看到，投資「對」的股票能讓你獲得高報酬的股利。大部分的股市投資人就像本書故事中的艾瑞克一樣，一直在尋找下一個熱門的市場，他們賺錢的方式就是把錢押注在會上漲的市場。但是現在你應該知道，這並非創造持續、可預測財富的方法。我們要高價值、安全而且一致的股利。所以現在我們進入下一個層級吧。

有錢的投資人會買進並持有好的股票。他們會收取股利，而且也會做一件聽起來很不尋常的事——他們會出租股票，就像故事中的莎拉出租自己的房地產一樣。有些人可能有出租房子的經驗，某種程度上，出租股票的原則也是一樣的。如果你名下有一間出租用的房子，你不會把它閒置著不出租。股市也是一樣的道理，但是許多持有股票的人卻把股票放著不出租。為什麼呢？

如果你名下有一間出租用的房子，你不會把它閒置著不出租。股市也是一樣的道理，但是許多持有股票的人卻把股票放著不出租。

對很多人來說，股市看來遙不可及。他們很快就會被一大堆的資料和過多的投資建議給淹沒。股票市場很容易讓人不知所措。我將在本章逐步說明該怎麼做；同樣的，我們也要做有錢投資人會做的事。

我們就舉微軟的股價走勢為例。微軟股價在二〇〇〇年時是七十六美元，這在當時算是高價股，而且公司的前景看好。但股市在二〇〇一年重挫時，微軟的股價跌到二十五美元。等到其他股票漲回二〇〇〇年的價位時，微軟卻沒有漲回到相同的水準——這種漲不起來的股票稱為牛皮股。微軟就是一蹶不振，怎麼也漲不上來。一直到十七年後，才又回到七十六美元的水準。這段時間實在是太久了。雖然後來微軟的股價持續上漲，但是投資人這十七年來都不能使用這筆錢——你會錯失一些機會和收入。然而，並非每個人都會感受到同樣的痛苦。

我們繼續來看，我要讓你知道，這種情況為何對有錢投資人來說很有利，但是對一般人來說卻很痛苦。如果你是一般的投資人，當你在等手上的微軟股票漲回來時，你可能會決定賣出股票，然後再也不投資了；或者你會等待十七年，直到股價回到你買進時的價位。自從微軟股價漲回到當時的水準後，表現相當不俗，甚至漲破二百美元。

但是這段時間實在太久了。正如我說的，很多傳統的投資人厭倦了股票，所以就放棄了。他們覺得股價不會漲回到二〇〇〇年時的價位，於是他們認賠殺出，然後繼續過日子。但是當他們認賠時，就搞錯了買股票的意義了。這是因為他們是以傳統投資人的心態來買股票，而不是以有錢人的心態來買股票。我們就來看看有錢的投資人運用的是什麼策略吧。

微軟剛上市時、以及在科技股泡沫期間都沒有支付股利，但是如今的微軟已經支付股利很多年了。現在的股利大約是兩美元，但金額會變動，股利有時高、有時低，但是除非公司陷入危機，否則股利通常不會大幅減少。接下來我用一些數字來解說，以幫助你了解這個策略。

如果你在七十六美元時買進一百股微軟股份，那麼股票的價值就是七千六百美元。希望你現在已經懂得利用我之前提到過的「股利再投資計畫」，把你收到的股利再用來買進更多股份。雖然一年一五〇美元聽起來不怎麼樣，如果你只看這一個數字的確是不多，除非你開始看到它發揮的槓桿作用。我在前一章已經向你示範得很清楚股利的價值了，雖然一年一五〇美元的股利聽起來很不起眼，但是如果你可以收到這筆錢，還能創造更多錢，你覺得如何？

每一筆出租都會有一個包租公

接下來就是我前面提到的出租股票——也就是當股市包租公的部分了。有了出租股票這件事，我們就有很多機會可以像莎拉的出租組合一樣增加現金流。想一想這個情境：當你在租屋市場出租房子，通常你每個月會收到房租支票。你也可以在股市這麼做，然後每個月收到一筆錢和出租的支票，有時候甚至是每個星期都會收到支票。我們繼續以微軟為例來看看。

微軟股票可以用每週0.20～0.55美元的價格出租，而一年有五十二週。我不想把這個例子計算得太高，所以我不會假設每一週都能出租並收到0.55

美元，我們就以一半的租金來出租微軟的股票：每週約 0.35 美元出租微軟股票是非常可行的。你也看出來了，有時候租金可能會少一點，有時候會多一點。我想保守估計，所以我以只有一半的時間能出租來算，那就是二十六個星期。當你學會如何使用這個策略，你可能就可以更頻繁出租，甚至賺更多錢。

我要確定把所有基本資訊都說清楚了，讓你很清楚這個策略是什麼以及如何運作：我們以持有一百股微軟股票為例。你要以每週 0.35 美元出租二十六週，這表示你一週可以收入 35 美元；如果你出租二十六週，那一年就有 910 美元的收入——還不錯吧！請記住，你還會收到一年一五〇美元的股利。就算這筆股利本來看起來沒什麼，現在你已經因為出租股票而提高獲利了。

別忘了，你保守估計會有半年收到租金。一年下來，租金和股利收入的總報酬超過一千美元。你還要記得，這段期間是十七年。這些年來微軟的股票都沒什麼變化，許多投資人乾脆賣了股票。如果他們知道如何成為股市包租公，就可以善用股票成為創造現金流的工具，並賺取超過一萬八千美元。更好的是，他們還會持續擁有這檔股票，而且股價已經翻漲了好幾倍。當你看到可以怎麼做，而不再擔心該何時出售手中的股票，並專心尋找買進好的股票，然後把它變成創造現金流的工具，這就是很強大的投資方式。而且別忘了，一萬八千美元的獲利只是出租股票，這是保守估計只出租半年的收入。如果一年有四分之三的時間出租呢？那你就會收到更多錢。而且我們是以一百股來計算。如果你有一千股、一萬股呢？收入只會倍數成長。

我只是以一百股來計算，如果你繼續收到股利，然後將股利再投資以買進更多股票，發揮的作用就會比這個更大。在這十七年間，你可以賺的錢會遠超過一萬八千美元。此外，你不只賺到這些錢，還持有很棒的股票。

我知道你在想什麼：「為什麼大家沒有這麼做？」還記得艾瑞克和莎拉的故事嗎？大部分人只得到一半的消息，所以只賺到一半的錢。他們太專注於尋找熱門股和漲幅，而不知道創造現金流的選項，或是因為太刺激而忘了。但是正如同莎拉的故事，真正的祕訣在於讓錢滾錢，用現金流增加投資。當你沒有被迫出售任何東西，就沒有損失。當你買進會分配股利的股票，你就有現金流。當你以出售選擇權的方式出租股票，就可以讓現金流大幅倍增。

選擇權市場

該如何出租股票？「出租」在不動產界聽起來很直接，但你要如何在股市出租呢？答案就是選擇權市場。這是另一個市場，能給我們幾個不同的股市優勢。我們要用選擇權市場來出租股票，然後創造比收到的股利還要高出許多倍的現金流。然後股利可以讓我們抵銷通膨，並且持續發揮作用，讓我們累積更多股票。

選擇權就是你和造市者之間的合約。如果你不知道造市者是誰，其實他就是和你對作的人，所以你在股市中可以一直買賣——因為有人在和你交易。有時候是真的人，有時候是電子交易，重點是有一個系統或是人或是別的東西，能讓你一直進行買賣交易。在選擇權市場，有人買進或賣出一張合約，讓別人有權利買進或賣出某一檔股票。

舉例來說，我可能會賣給造市者一張合約，以每股一美元、為期四週的時間，讓他有權利以每股二二五美元（稱為「履約價格」）購買一百股微軟的股票。我會收到一百美元，以交換我出售股票的義務。接下來的四週，造市者可以強迫我把微軟的股票以每股二二五美元的價格出售，不論微軟當時的價格為何。如果微軟股價是每股二三〇美元，造市者還是可以讓你以每股二二五美元賣給他。這就是選擇權合約。

我建議你專心當選擇權的賣方，而不要當買方。有很多選擇權操作員很喜歡買選擇權，但這不適合新手，我個人認為選擇權操作者都是職業賭徒。我住在拉斯維加斯，我知道賭博的機率。靠賭博賺錢的人寥寥可數，而且我相信成功的選擇權操作者一樣很少，只有不到10%的人可以賺錢。另一方面，90%（可能不只）的賭場都是賺錢的，所以我寧可當賭場的莊家。而在選擇權市場，股票選擇權的賣方就是莊家。

買權和賣權

選擇權都是從合約開始的。選擇權合約有兩種：買權（call）和賣權（put）。運作的方式是這樣的，當你**買進**一個選擇權，你就享有某些權利；當你**賣出**一個選擇權，你就要負擔某些義務。市場上有買權和賣權，你可以**買進**買權和**買進**賣權，或是**賣出**買權和**賣出**賣權。我們就先從**買進**說起。

你可以**買進一個買權**。這個買權給你權利，能以某個價格（稱為履約價）買進某檔個股一百股。所以，你在某段期間內，可以用雙方同意的價格（履約價）買進這檔股票。你也可以**買進一個賣權**，賣權給你權利，在固定的期間內，以雙方同意的價格賣出一百股。以上我說的都是**買進**的操作，但是我們要當選擇權的賣方，因為我們要當莊家。我們在學習如何出租股票，所以我們要當賣方。當你**賣出**一個買權，你就有交割的義務，也就是在特定期間內以雙方同意的價格賣出某一檔股票。

我喜歡用房子的例子來解釋，因為對很多人來說這樣比較容易了解。假設你想要買房子，你找到一間很喜歡、價值二十萬美元的房子。你很興奮，你可以和賣方簽訂合約。你說：「好吧，但我現在沒有那麼多現金，這樣好不好，我給你一筆合約的定金。我付你二千美元，賦予我買下你房子的權利。」你們決定了條件，這是二千美元給你的權利，在某個期間內能以二十萬美元買下這間房子——但是有一些限制。假設你有權在三十天內買下這間房子，你先付了二千美元取得這個權利，那就是你所簽訂的合約。合約的賣方則有一些義務，以這個例子來說賣方就是屋主，

屋主的義務就是在合約期間不可以把房子賣給別人，而且他必須以約定的價格交付房子，他不能改以三十萬美元賣給你，因為你們同意的價格是二十萬美元。如果你最後不買那間房子，他就可以保留二千美元。

你可以決定要不要買。但是如果你不買他的房子，他就可以保留那筆現金。在股市中，選擇權也一樣，就像你訂下那間房子的訂金。你可以把這筆訂金想成是買權，就像是房子的二千元訂金。如果你是買方，買權的買方有權利以特定價格買下這檔股票；如果你是賣方，那你就有義務要交割這檔股票，買權的賣方有義務要交割股票，就像是屋主有義務要賣出房子一樣。如果你賣出這張合約，當買方要買你的房子，你就有義務要賣出。

先從出租開始

我會建議你先從投資開始，因為操作者會遇到的問題之一，也是傳統投資人常遇到的問題，就是我們必須規劃賣出的時機。如果你買進一個買權，但股價沒有上漲而是崩盤，該怎麼辦？結果你的買權價值大跌，最後你就會虧錢。與其這麼做，如果我們買進一檔股票來出租如何？與其買進買權，讓股價自己波動然後提心吊膽，我們可以學富豪投資人的作法：買一檔可以出租的股票。這麼做，就可以用出租的收入和股利，為自己創造持續的收益現金流，這些錢可以讓你擺脫景氣循環的周期，否則我們就得看著市場漲漲跌跌，大家的心情也跟著上沖下洗，試圖追逐盤勢賺錢獲利。如果你可以利用出租股票來創造現金流工具，而不必擔心股市的波動，那不是很好嗎？

我們再深入討論這個策略。這筆租金收入其實就是個選擇權，你有義務要出售你所持有的股票——記得那張合約嗎？我們知道，買權是你和造市者之間的合約，它給予買權的買方權利，在某個到期日前以特定的價格買進一檔股票。這就是買權的買方。

你需要有選擇權的股票（optionable stock）。如果你持有一個有選擇權的股票，你就可以賣給別人一個權利，在固定期間內以履約價買進這檔股票——這就是**賣出買權**，你收到的錢就是租金。當買權的買方選擇以履約價買進你的股票時，你就有義務要交割這檔股票。這筆租金就像剛才的比喻中，買房子的二千美元的訂金一樣。如果屋主出售這張合約給別人，而對方後來說：「好，我要買這間房子。」那屋主就得賣房子。你在股市也是做一樣的事，而且因為你持有這檔股票，你賣的是**掩護性買權**（covered call）。有錢的投資人多年來就是一直在做這件事，利用他們的投資組合賺錢，而不必真的把股票賣掉。

你不必等待股價上漲才能賺到錢，你可以出租股票同時還能收到股利。這就是我們以微軟為例在這十七年可以做的事。你會收到股利，而且因為你持有這檔股票，所以你可以賣出掩護性買權，十七年來一直收取租金，同時你還是持有你喜歡的公司的股票，長期下來對你有很多好處。

好處是，不論股價是上漲、下跌還是平盤整理都不要緊，因為這是你的現金流工具。在本書前幾章，我談過出租房子和不必擔心出租的房產價值，因為你只要確保現金會一直流入就好。你確保會收到錢，因為長期下來會升值。

這就是掩護性買權策略，方法是這樣的：你買進一檔股票，你要用這檔股票來收取租金，也就是賣出這檔股票的買權。但是如果股票上漲，你就必須賣出你的持股；如果股價盤整或是下跌，你就可以繼續持有股票，繼續賣出買權。這就是你可以持有微軟股票十七年而不必真的賣出、但還是能持續賺取租金的方式。

不過，股市的選擇權比不動產市場的選擇和租賃更多變。因為在股市中，你可以買回你的選擇權。本章只是概觀，我就不深入討論這個概念，只讓你知道你可以用一美元賣出選擇權，然後用 0.5 美元買回選擇權；如果選擇權又回到一美元，就再賣出去。如果價值下跌，你可以把它買回來。我們的智囊群組中有許多投資人，就是利用這個簡單的策略持續獲利。

以下是一個範例。假設你花十二美元買進一檔 XYZ 的股票，你認為可以用十三美元賣出這檔股票。你可以用履約價十三美元賣出買權，這個買權的價值是 1.2 美元。你賣給某個人權利，以十三美元買下你的持股。對方可能會也可能不會向你買，但不論對方怎麼做，這筆交易已經讓你賺了 1.2 美元。這就是出租股票。

如果股價漲到十四美元，你知道會發生什麼事嗎？對方可能會選擇以十三美元買下你的持股，而不是花十四美元在市場中買進股票。對方可以執行買權。這樣是好事嗎？這樣太好了！因為你以十二美元買進，所以你賺了一美元。記住，你不是以十四美元賣出，而是以十三美元賣出，而你的成本價是十二美元。你賺到賣股的一美元，還有一．二美元的買權權利金，這筆投資讓你賺了二．二美元。你可以在這檔股票下跌時，把股票或是把買權買回來，但是原則是賣出你所持有股票的買權。

另外，還有幾個方式。你持有XYZ公司的股票，成本價是十二美元。假設我們賣出十三美元的買權，所以我們賺到了一．二美元的權利金，而XYZ股價跌到十一美元。你猜會發生什麼事？既然可以用十一美元在公開市場上買進，就不會有人想用十三美元買進你的股票。所以，如果股價是十一美元，你就可以保留這檔股票。你可以改天再出租，但你還是可以保留這一．

二美元的權利金。你可以保留賣出買權的權利金，還能繼續持有股票。

正如你是那間房子二千美元選擇權的買方，你說：「等等，我失業了。我買不起這間房子了。」沒問題，你放棄這個權利，不要買房子了。屋主可以保留房子。如果買下買權的人不想買進你的股票怎麼辦？這樣就沒有人會用十三美元向你買股票，因為他們可以在公開市場上用十一美元買，所以股票還是你的。你可以改天再賣出買權，而且你還能保留一．二美元的權利金。有趣的是：股價下跌一美元，你會擔心嗎？不會，因為你知道股價本來就是漲漲跌跌的。所以，請買一檔好股票，然後賣出買權。

掩護性買權

我們再來看看另一個例子。還有一種可能是，因為股價走勢只有三個方向——上漲、下跌、盤整。如果我們以十二美元買進一檔股票，然後賣出十三美元的買權，我們會收到一・二美元的權利金（credit），當股價漲到十三美元時該怎麼辦？對方可以在公開市場上以相同的價格買進這檔股票。在這個情況下，股價和你的出售價格相同，你知道會發生什麼事嗎？你的股票可能會也可能不會被買走，機率各一半。有時候會被買走，有時候不會。但股票有沒有被買走都不重要。如果對方要求買進你的股票，那麼你賣出股票賺進一美元，還加上你賣出買權時收到的一・二美元權利金；如果對方不要求買你的股票，你還是可以保留一・二美元的權利金，你也保留這檔股票，可以下個星期再賣出選擇權。我們賣出買權，也就是在某個時間之前以某個價格買進一檔股票的權利，這個買權就是買下我們所持有的股票。

這就是**掩護性買權**的策略。因為我們是買權的賣方，所以我們有義務要出售這檔股票。當然，這個義務是在合約期間內。你自選一段期間和價格；如果買方選擇買進股票，在這段期間內你就必須以這個價格賣股給他。我們再回來看房子的例子。你是屋主，而你出售一筆二千美元的合約給某個人，讓他有權利以二十萬美元買下這間房子。股市也是這麼運作的：當你持有股票，你可以出售這檔股票的買權。

你可能不想考慮這個方法，因為你擔心自己負擔不起像微軟這種股票一百股的價格。沒有關係，這個策略的好處在於你可以使用任何有選擇權的東西，你不一定要買微軟的股票或一些價格偏高的股票，你可以用許多符合你預算的不同工具。有些股票不到十美元，有些十幾美元、二十幾、五十幾、好幾百美元。你有很多選擇。

你不一定要買微軟的股票或一些價格偏高的股票，你可以用許多符合你預算的不同工具。

ETF和REITs

另一種工具稱為**指數股票型基金**，簡稱ETF。這是一籃子股票，而且具有買共同基金的優勢。你不只可以買一檔ETF然後獲利比投資共同基金更好，你還可以賣出這檔ETF的買權。你也可以用ETF操作相同的掩護性買權策略。

類似的投資策略還有一種叫做**不動產投資信託**（real estate investment trust，REIT）。ETF和REIT的價格差異很大。你可以選擇一開始投資很多，或是慢慢投資並投入較少金額。你可以考慮一開始慢慢、小額投資，以了解這個策略如何運作，熟悉它的機制。如果你才剛開始而且想要長期投資，這是個很好的開始。

我們來回顧掩護性買權的一些步驟，以確保你真的了解了。

首先你要開一個券商帳戶。下一步是買一百股的股票。這樣你就可以賣出選擇權，然後開始賺租金。請記住，你會找到一些符合七個條件的股票（我將在下一章詳細說明這七個條件）。其中兩個條件是，這檔股票支付的股利夠高，而且可以在選擇權市場交易。如果符合這七個條件，而且你買足了一百股後，就可以開始賣出買權了。你要**賣出買權建倉**（sell that call to open）——這是你要用的術語。你要查看選擇鏈，以利找到最佳的選擇權風險報酬，然後賣出。這表示你要在收取不錯的租金和低價賣出股票間取得平衡，所以在你賣出的選擇權能給你最低的風險、最佳的報酬之間，有一個最理想的平衡點。我建議你賣出**價外選擇權**（out of the money option），這是表示你賣出的選擇權金額，比你買進股票的股價還要高。

對你來說最糟的情況是，股價跳空上漲，結果你賣出股票然後留住選擇權的錢。你還是賺了錢，畢竟這是個很有用的策略，所以富豪都這麼做。當你賣出掩護性選擇權後，就開始等；你還可以一直收取股利。當然，如果你沒有被要求賣股，你就可以再賣出買權；如果買方要求你賣股，你可以做一件事，你可以把股票買回來，或是找一檔新的投資標的，也許你有在研究別檔你喜歡的股票。如果你後來賣出一檔股票，帳戶裡就有現金可以轉投資別的股票了。

如果你賣出買權的股票開始下跌，那麼這個選擇權的價值也會下跌。如果你以每股一美元賣出選擇權，你可以用每股〇．二五美元買回來。你既可以用比你付出還要低的金額買回選擇權（叫做**買回買權**），如果你擔心股價會續跌，也可以賣出股票。但我通常不喜歡賣股。事實上，我會開玩笑說，我的持有期間是永遠。我買進某個標的，就是因為我想要把它放在我的投資組合中。我會賣股唯一的理由就是，公司大幅刪減股利，或是公司發生重大事件，例如醜聞，或是重大法律訴訟，或是有人發明了某種顛覆性的技術，導致這間公司可能被淘汰，而我認為公司恢復實力的可能性不高。否則，我通常會保留股票，讓公司支付的股利幫我還本。當你收到股利和使用選擇權，長時間下來這檔股票就會自己幫你還本，把虧損的風險降到零。

這就是股市包租公策略的概要。選擇權市場非常棒，它讓你可以當包租公。就像本章故事中的莎拉一樣，你不必再擔心股票的價值，專注於出租就好。長期下來，你幾乎不會記得（或是在乎）你當初花多少錢買這檔股票。

第十二章

如何提升你的財務階級

我們已經討論了很多可以幫助你通往無限投資的方法了，現在我們要真正開始操作了。本章會告訴你如何開始上升到不同的階級，並改善你的財務狀況。你現在知道有錢人都是如何投資的，你知道如何利用選擇權，讓你手中會發股利的股票助你成為股市包租公——這讓你可以賺取兩筆獲利，你就會賺到錢。我總是叫大家別看帳戶的價值——你應該看的是帳戶創造了什麼。如果你的房子或是出租用的房產有股票代號，而且會即時顯示房價的漲跌，那你肯定會看到抓狂。所以別隨時盯著其他資產的價值，你要看的是資產所創造的東西。

如何向上提升

現在我們要教你如何提升財務階級，從農奴到學徒、到騎士、再到財富管理者。你在本章中將學到立即可以採取的步驟，你可以學會特定的行動、項目、無限配置模型，以及如何打造九十天計畫。最後，我會告訴你如何加入提供支援的團體，他們會給你很多資訊和支持。

你可以得到很多股票的研究和評比系統，以及每月一次的成人教育課程。內容包括市場分析、特定股票解析，以及其他資產類別（不動產）的投資機會。你可以諮詢專業的受託人，他們會教你適當的配置及如何交易。我們有各種資產類別的專業投資人，包括個人出租用房產及公寓、倉儲空間、拖車住家、活動式房屋、現金、期貨和指數股票型基金及其他資產。有句老話說：「你的淨值就是你的人脈。」我們希望你的人脈無限大。為了達到無限的人脈，我們需要具體的步驟。

首先要想清楚你要投資什麼。查看你的所得差，判斷你可以如何將資產分配到我等一下要介紹你的配置模型中。我們再以第四章範例中的瓊斯夫婦為例。如果你還記得，他們的所得差是一千美元，他們還有一千美元的非必要支出。這表示如果他們真的想要，一個月可以投入二千美元到配置模型中。

你的情況可能不一樣，你的錢可能比他們更多或更少。但你要算清楚，並確定你願意投入多少錢。有個好主意是，把這當成每個月要支付的帳單來看待，因為你要強迫自己把錢投進去，它才會成長。所以，請設定一個數字，並且每個月像繳水電費一樣的投入這筆錢。你是不是用自動轉帳都沒關係，但設定成自動轉帳最好，因為這樣一來你什麼事都不必做就會自動持續投資。關於理財規畫，我們最大的敵人通常就是自己。

關於理財規畫，我們最大的敵人通常就是自己。

如果你才剛開始，而且手頭上沒有多少錢，你可以**紙上交易**同時存錢。紙上交易就是在想像的帳戶中用想像的錢來交易，但是要用真實的數字。Think or Swim 是一個交易平台，它可以讓你用不存在的帳戶來交易，看看你的績效如何、學到了多少。但你終究需要真的去執行策略，並看看結果如何。

無限配置模型

我們的資產配置模型，是我們的合格理財規畫師所設計的耶魯模型。耶魯大學的捐贈基金多年下來績效非常好，從一九八五年的十億美元，成長到二〇一九年變成二九〇億美元。模型的設計師大衛·史溫森（David Swenson）有個獨特的方法來管理投資組合，他把現金視為負項，並聚焦於永久性的收入、優惠稅率的投資、廣泛多元化的資產類別、以及替代性投資標的。他和我一樣，對許多共同基金抱持質疑的態度，因為基金經理人與投資人之間的利益衝突，以及共同基金通常費用都過高。

我們借用了許多耶魯模型的概念，濃縮成任何投資人都可以實作的方法，我們稱之為「無限配置模型」。這個模型很簡單，而且經過證實成長性非常好。我們持有以下這些資產：

首先是用你個人的交易帳戶買進配發股利的股票；你要當股市包租公，就像第十一章學到的。第二，你要把錢投入不動產，我的意思不是叫你去買一大堆房子，我會告訴你如何透過股市投資不動產。第三，

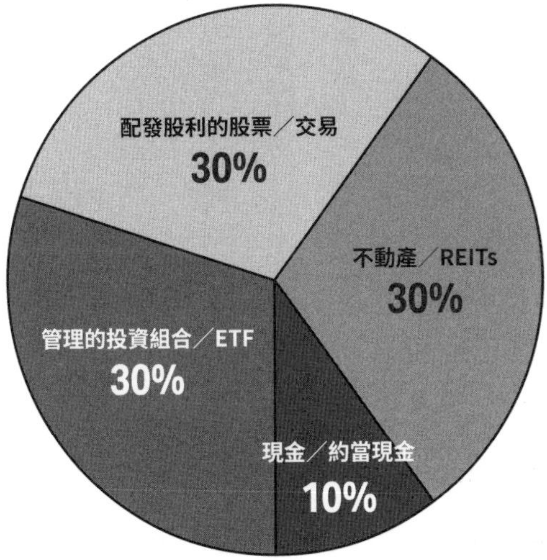

配置30%的資金在**受管理投資組合**（managed portfolio）中。這意思是，你讓別人來管理非常多元化的投資組合，可能是受管理的ETF或其他種類的基金，但不是共同基金。受管理投資組合通常費用不到1%，但是會有人全年無休幫你管理，以確保你不會承擔過高的風險。你會看到，除了三種投資類別外，你還需要10%的現金或約當現金以供緊急使用。更重要的是，當投資機會出現時你就可以使用這筆現金。如果投資機會出現時，你手頭上沒有錢，你就無法把握機會。我們要先準備好這個安全網和機會。

如果你才要剛起步，該怎麼做？就算資金不到五萬美元的投資人，你也可以開始投資。假設你先從一千美元開始，你要保留一百美元的現金，其他的九百美元拿來買配發股利的股票。你累積到一百股，然後持續這麼做，直到達五萬美元為止。到那時，五萬美元中有四萬五千美元是配發股利的股票，五千美元是現金。

為你的投資組合選擇對的股票

我們要遵循七個條件來選擇要投資的公司。在我們的線上無限群組中，通常利用七個條件來選擇連續十、二十、二十五和五十年以上持續提高股利的個股——光是這個主題就可以寫一本書了，但我想著重於無限投資的七個選股條件。那就是：

↓股價線圖
↓趨勢線圖
↓選擇權線圖
↓股利殖利率
↓營收穩定性
↓本益比
↓分析師

首先，我們一定要畫線圖，以確保沒有買在高點。我們可不想當股票創新高之後才買進的那種人。我們要的是從高點下跌、創新低，然後再回升的股票。想要確定這一點，就要判斷股價是否曾出現在目前的價位。我們尤其要注意的是，過去十五年來，股價是否超越或在目前價格的5%範圍內。不要買在高點。

如果你跟著市場，就會知道有趨勢和支撐線、高價位和低價位，股價會在這個區間內波動。這些稱為**支撐**（下面的線段）或**阻力**（上面的線段）。不要買在高點，要買在股價已經觸底並開始回漲的時候；不要買在頭部或底部。理想上來說，你要買在接近底部的價位，而且股價曾經在這個價位附近。舉例來說，如果A股股價是三十美元，過去十五年來曾在三十美元嗎？如果是，這段期間的高點是多少？低點是多少？假設過去幾年曾經在四十二美元，股價是否從最近低點二十五美元往上攀升？如果今天股價是三十美元，就是比低點高五美元，比高點低十二美元。這表示符合條件。

第二，我們要看股價是逐漸上漲、逐漸下跌還是區間盤整（又稱為箱型整理）。股價在區間盤整還是開始往上漲？不要買正在下跌的股價，這叫做「接刀子」。確定股價是在箱型整理還是往上漲。

只要在線圖上每一個低點和高點各畫一條線連接起來，就可以判斷任何一段期間的趨勢，看這兩條線就可以判斷股價是在往上漲還是區間盤整。如果股價往下跌，就不要買。請看下頁的範例。

第三，該股是否提供選擇權價格？如果有，是每週還是每月，價格是否合理？如果要看該股是否提供選擇權交易，你可以用任何大型券商的平台，或是瀏覽免費的雅虎財經網頁，找出任何股價的報價後按一下「選擇權」。

第四，我們要判斷過去五年來的殖利率是否一致。如果是，是否穩定超過2％的殖利率標準？任何個股資訊都會提供殖利率的數字。

第五，我們要看公司是否有穩定的營收。這是一家穩健的公司，並且不論經濟如何仍持續獲利嗎？如果想知道，可以查看過去三年股價是否有大幅波

向上趨勢

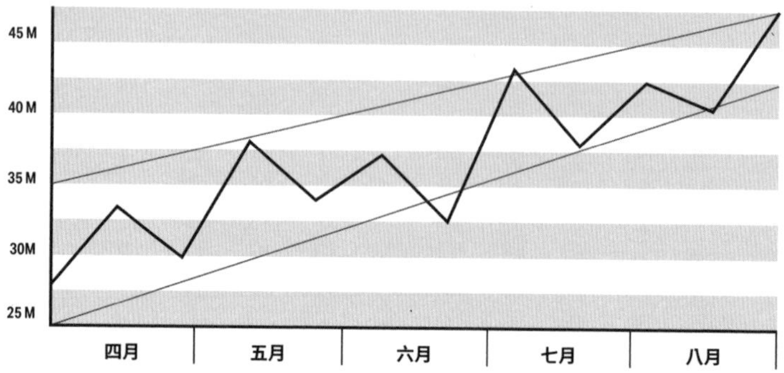

區間盤整

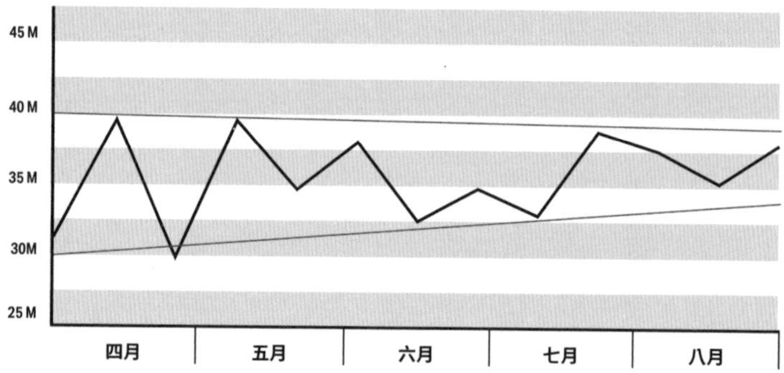

向下趨勢

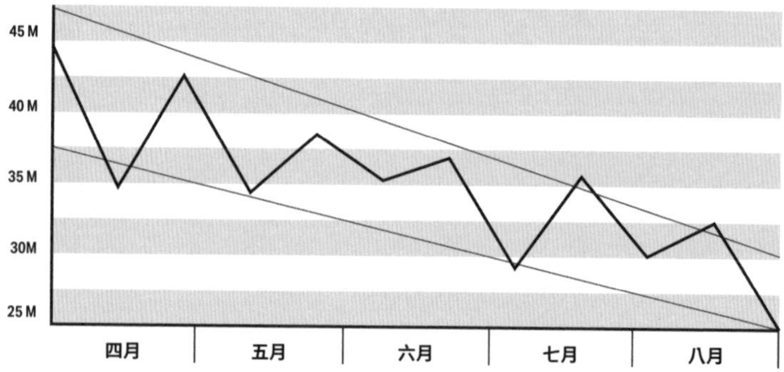

動。穩定的個股，股價波動會在10%以內。例外的情況可能是因為非重複的一次性事件，例如Covid-19大流行使股價波動較大。你要查看營收和獲利，確保公司過去三年來不是處於下跌趨勢。

第六，查看本益比（P/E）。這個數字應該在十五到二十五之間，而且要低於二十五。不要買本益比太高的股票，我們要買穩健的公司並且本益比在最理想的時候。不要買高風險也不要買價格過高的股票，要買最適合你的股價。上市公司有好幾千間，要縮小範圍到五十間。它旁邊可能會有**TTM**，這代表過去十二個月的資訊。

本益比的計算很簡單，把股價除以每股盈餘（EPS）就可以了。如果股價是二十五美元，每股盈餘是一美元，那麼本益比就是二十五倍。

第七，你要審閱分析師的報告，看看有沒有人提出強烈的意見。不要看建議「持有」的報告，我們要找的是建議「買進」或「強力買進」的個股，而不要買「落後大盤」或是建議「賣出」的股票。一檔個股若有一個負面評價，就要找出三個正面評價。

這很重要，而且能幫助你不會犯錯。你要找到完全符合這七個條件的個股，然後才買進——但這不表示保證能賺錢，而是說這檔個股很強，你比較可能不賠錢。

請記住，你要專注於股利貴族和股利之王。貴族是連續二十五年提高股利的公司，股利之王是連續五十年提高股利的公司。這些公司很穩健，是市場上的鬥士。例如可口可樂、3M、嬌生、寶鹼和圖西甜點就是這種股票。這些是大型股，有時候有點無聊；不過有些公司可能會做蠢事，一旦發生這種事就要賣出。你會很早就知道該賣出，不過這種情況很少出現。

等你累積了一百股後，你就可以賣出這一百股的選擇權。你要賣的是**價外選擇權**（out of the money option），這樣你才不會虧錢，因為這代表你同意以比你的買進價更高的價格賣出。我們再回到本章開頭說的無限配置模型，重點是，投資五萬美元在這個類別中，然後再換一個類別。

五萬美元的投資組合

➔ 50,000 美元的無限配置模型

配發股利的個股：45,000 美元

現金：5,000 美元

第一筆五萬美元之中，有四萬五千要用來投資股票，特別是符合上述七個條件的股票；五千美元則是現金或約當現金——資本市場、儲蓄、大額可轉讓定期存單、貴金屬，這些都是約當現金。不論你持有的股票是什麼，都可以在兩天內變現，這也算是很容易清算。當你有緊需時可以很快取得現金。你投資非常無趣的公司，股價不會有太大的波動，因為你不想要買進後股價就重挫30％，結果被迫賣股票支付一些意外的支出——如果是這樣就太糟了！只要問問任何曾經歷過股市崩盤，必須在市場重挫時賣股票支付一些費用的人就知

道。你不能打電話給電力公司說：「我可以等到股市漲回來再繳電費嗎？」他們會直接把你斷電。即使是二〇〇八年股市重挫38%時，股利之王也只跌了14%。我們要盡可能避免劇烈的波動。

即使是二〇〇八年股市重挫38%時，股利之王也只跌了14%。我們要盡可能避免劇烈的波動。

超過五萬美元的投資組合

↓ 100,000 美元的無限配置模型

配發股利的個股：45,000 美元

不動產：45,000 美元

現金：10,000 美元

當你超越第一筆五萬美元後，你就可以開始把錢配置到不動產了。別以為這表示你只要去買不動產就好了（雖然這樣也沒有關係），而是你可以買進**不動產投資信託**，又稱為 REITs——這些是公開交易的證券，而且就像股票一樣，只不過這些屬於不動產，而且必須將很高比例的盈餘配發給投資人，才能維持不動產投資信託的資格。本質上這是以現金流為導向。

你甚至可以透過**私募**的方式買股。私募原本只提供給有錢的投資人，又稱為合格投資人（accredited investor）。但過去幾年來相關的法規已經減少，越來越多私募也提供給一般散戶，美國證券交易委員會（SEC）及各州都設有法規以保護投資人。我知道有些投資人喜歡公寓式不動產，但是不想要把所有的錢投入在一個投資專案上，所以他們通常會和其他投資人一起集資以分散風險——這就是典型的私募情況，也可以投資於任何其他專案上。在我們的配置模型中，投資的類型應該是不動產，包括單戶住宅、公寓式住宅和行動住宅、休旅車園區、倉儲設備或其他類型的專案。

我剛開始不動產投資時，是從單戶住宅開始的。我建議大部分的人也這麼做，但是要集中於比坊間大師教你的還要低價格的好交易。首先，單戶式住宅永遠有市場，因為這是所謂的美國夢——擁有自己的房子。我們只要注意重要的數字就好。選擇失業率低、房屋需求高的地區。我們也只投資於正現金流的交易。如果房子的租金是每月一千五百美元，並不表示就一定是好的交易；另一方面，租金五百美元的房子也未必就是不好的交易。重點是，我們每個月能領到多少錢，以及我們需要多少錢才能投資。月租二千美元的房子，如果有25%的時間空置無法出租，那麼這筆投資很可能就是個錢坑。相較之下，月租一千美元的房子，連續五年都出租，可能是比較好的交易。是不是好的交易，可能只要計算房客搬走後所需的修繕費用、稅金和保險費、實際收到的租金費用就可以知道了。

我看房子時，會計算房子每個月收到的租金，然後減一半（如果每月租金是一千美元，我會假設所有的費用是五百美元）。我假設支出包括管理費、保險、稅、修繕、空置率和其他預期的支出，這些會占掉租金的一半。收到的房租還要拿來支付房貸，所以收到的錢必須比付出的錢還要多，包括房貸的還本付息。

我們假設買一間十二萬美元的房子，租金是一千五百美元。你可能乍看之下覺得這筆交易很好。假設這間房子能給你50%的租金收入，也就是一個月七五〇美元，這表示一年的淨收入是九千美元。還不錯。如果你用現金購屋，那麼你的報酬率就會是7.5%加上增值的部分。在商用不動產，這稱為**資本化率**（CAP rate）。知道某個市場的資本化率，能讓我們比較任何市場的房產。以我們的案例來說，資本化率只告訴我們投資報酬的起點。請注意：有問題的不動產仲介會分散你的注意力，他會告訴你比較率（同類型的房產），而不會談資本化率。他可能會說：「這條街上和你一樣的房子，售價比你的高出五萬美元。」投資人會把資本化率當成最主要的因素，是因為投資人對金錢的投資報酬比對增值更感興趣。資本化率好的房子可以賣得出去，但是同類型的房子價值就像股市一樣會不斷波動。

我們來假設，你貸款買一間房產，沒有頭期款，銀行給你的利率是5%。你每個月要支付六四五美元，一年就是七七四〇美元。你現在手上仍是資產大於負債，但資產只比負債多一點而已。如果你對這個房產有興趣，你要仔細計算以確保你知道和這間房子有關的所有可能支出。如果實際的支出是45%或更低，那麼答案就很簡單——買。如果費用將近50%，你可能還是願意買，不過請注意：這房間子目前雖然是資產，但已經很接近負債的程度。因此，除非資本化率非常好，否則我從來不建議任何人負債與淨值比低於75%。如果你用三萬美元頭期款來買十二萬美元的房子，那你每個月的房貸月付款就降到四八四美元——忽然間，你的財務狀況就好多了，長期下來房貸就會還完。你不只擁有這間房子，不用再繳房貸，房屋增值了，而且還繼續幫你賺進現金流。

我們也許不會快速致富，或是賺到多到數不清的錢，但我們會每天、每週、每月、每年都收到穩定的報酬。如果你想要，你可以買單戶住宅、雙拼住宅或是獨棟的別墅。我不會急著買公寓式住宅，一開始會先買單戶住宅。別急著說：「哦，五萬美元又買不到什麼好房子。」在有些社區，五萬美元可以買到兩間房子了。有些社區可以用五萬美元買到不錯的房子，然後幫你賺進收入。

雖然話是這麼說，而且平均算起來大致是這樣，但是擁有十間房產比只有一間要來得好，因為如果你只有一間房產而且沒有出租，那你的空置率就是百分之百。這樣你的平均值很快就扭曲了，這種感覺很不好。如果這一間房子的屋頂要修理，忽然間一整年的收入都沒了。你最好擁有多間房產，讓這些收入來平均分攤費用。

另外還要注意的是，這些數字不適用於較昂貴的房子。一旦你的房子每間價格在二十到三十萬美元時，就會越來越難賺取穩定的現金流，資本化率會降得很快，意思是這些不是真正的投資——這是投機。投機用的房子可能適合某些人，但不適合追求現金流的投資人。出租用房產的現金流，理想的點約在七萬五千到十五萬美元之間，視情況而略有不同。我所認識維持在這個範圍的人，獲利情況都不錯。金額遠超過的人，最後都花自己的錢來繳房子的費用，我們必須避免這種情形。

超過十萬美元的投資組合

超過十萬美元後，投資配置模型會會變成怎樣？現在你有10%的現金，也就是一萬美元，四萬五千美元投資配發股利的股票，同時還要出租股票；還有四萬五千美元投資在不動產。超過這個金額，你就要移到下一個類別，也就是受管理投資組合。你可以自己雇用基金經理人，或是模仿受管理的投資組合。

我合作過的經理人會給你三種不同的類別：保守型、穩健型和積極型（願意冒較高的風險以賺取更多錢的人）。經理人會幫你管理投資組合，你會看到這些投資組合的情況，但你可能會很驚訝，因為裡面沒有什麼太大的差異。投資組合很簡單，而且通常有很多ＥＴＦ，這表示經理人買進很多某一種類股（同一類股的不同公司），以及某一檔ＥＴＦ的一股。這檔ＥＴＦ的管理很像共同基金，但是沒有共同基金的缺點和一大堆附加的費用。經理人選擇多檔ＥＴＦ以分散風險，ＥＴＦ經理人的管理也在分散風險。這就是二對一，意思是所有人的投資組合都一致。你的投資組合不論規模大小，管理的比例和規模大的投資組合一樣，差異通常不到１％。現在有人隨時為你管理你的錢，但你卻不必支付和共同基金一樣高額的費用（你只要付１％，共同基金通常是５％）。

➜ 150,000 美元以上的無限配置模型

配發股利的股票：45,000美元（30%）

不動產：45,000美元（30%）

受管理資產：45,000美元（30%）

現金：15,000美元（10%）

當你達到十五萬美元的金額時，你就有30%投資於三種類別，再加上10%的現金。超過十五萬美元也一樣（我們有投資朋友投資一千萬美元，但他仍利用這個模型，因為很有用），假設有人有一百萬美元，其中10%就是現金。這不表示錢存在支票帳戶裡，他們可能會把這筆錢存在資本市場裡，或是其他會孳息的帳戶中。有些人會把這筆錢拿來買證券。可能是多買些股票、可能是債券，或是容易變現的東西。

→ 1,000,000 美元的無限配置模型

配發股利的股票：300,000 美元（30%）
不動產：300,000 美元（30%）
受管理資產：300,000 美元（30%）
現金：100,000 美元（10%）

為了簡化範例，我們就假設無限配置模型是一百萬美元，現金占十萬美元；配發股利的股票、不動產和受管理資金各三十萬。

遵循這個比例配置，不論資金規模大小如何，你都可以好好管理你的投資組合。接著你可能會問，下一步該怎麼做。我將在下一章說明。

∞

第十三章

接下來的九十天該做什麼

吉米是整間大學最聰明的學生，他的學業平均分數（GPA）是四．一*，也就是平均在 A 以上。他擔任全校畢業生代表致辭，大家都知道他的前途無量。他畢業後，有其他大學給他很好的職位，他後來成為經濟學教授，而且普遍認為他是領域中的佼佼者。他拿到博士學位後，新聞或其他電視節目要採訪專家時都會找上他。如果發生經濟危機或繁榮時，電視名嘴都想聽他的意見，吉米自己也很喜歡他所扮演的角色。

唯一的問題是，身為知名的經濟學教授有一定的壓力。他認為自己必須住在對的社區、開對的車；但這些都所費不貲。雖然他的薪水很不錯——他在美國的薪資是前5%，但他仍負債來維持生活水準。等他到了五十歲時，他發現自己和剛畢業時沒有什麼差別。他真的很擔心退休後必須省吃儉用，問題是他能不能退休。

吉米有幾位學生成了事業有成的創業者、企業家和公司高階主管。有些人的財務獨立，而且喜歡尋求老教授的建議。有一次吉米反過來問學生問題。這一次有位名叫珍妮佛的學生找上吉米，想問他有關不動產的意見。不動產零售業大幅下跌，珍妮佛想知道吉米的看法。吉米分析了各項數字，並發現零售市場短期內會有一段艱難的路，除非找到新的用途。珍妮佛謝過教授後準備離

* 譯注：美國的學校以四、三、二、一來評量學業成績，相當於A、B、C、F；少數學校會再以A^+、A、A^-細分，才會有四．一的GPA。

開，吉米問：「雖然我是這個領域的佼佼者已經有一段時間了，但我的財務狀況一直沒有進展。珍妮佛，你覺得我做錯了什麼嗎？」

珍妮佛沒想到會被問這個問題，於是說：「沒有，您是這個領域最厲害的人。」

但教授很清楚，繼續問：「別這樣，你一定還有話要說。我做錯了什麼？」

珍妮佛苦笑看著老教授，然後說：「知道番茄是水果，這是知識；但知道把番茄加到水果沙拉裡會破壞沙拉，這是智慧。」她笑了出來，但當她看到教授沒有笑，她的表情轉為嚴肅，然後解釋：「很多很聰明的人有很多知識，但如果不採取行動，知識就浪費掉了。」

教授說：「我用知識幫助學生，例如你就是。」

珍妮佛回答他：「我相信你的教職收入很不錯，但是教學的價值是由市場決定的，除非你善用你的知識。」吉米想了一下，又請她再說清楚一點。「教授，你在大學一年可以教一百個學生，大學向他們每個學分收X美元，所以你的所得就是有限，除非你會運用知識。你運用知識的方式包括出版品、創作內容、利用你的預測、授權你創造的公式、利用你的知識投資，還有很多其他的方式。但是你選擇以勞力為主要收入的來源，而不是以知識為種子在市場裡播種，讓知識來為你產出成果。」

教授馬上就了解，並且說：「所以我光說不練嗎？」

「沒錯。」珍妮佛回答。

那天晚上，吉米決定把知識變為種子，並種在不同的市場裡。他沒有忘記珍妮佛的話，雖然他是學術界最聰明的人之一，他卻沒有智慧讓自己看清真相。他只是一個人，沒有善用時間和才智，他就永遠無法得到真正的自由。他會永遠用時間來交換金錢，除非有智慧的種下種子。他笑了出來，因為他想到：「如果你把種子吃掉會變成什麼——糞便！」

你的下一步

我們來談談你的下一步。你要馬上種下種子，而且允許種子成長。你要收成之後再重新種植，直到有一天你可以用收成來過日子為止。在那之前，你需要留住種子，種下種子，收成，把收成的種子再種到地下。若要這麼做，我們必須先判斷你的配置模型是什麼；一旦做到了，我們才可以判斷下一步。根據你可以投資的資產，你的配置模型看起來是這個樣子（請自行跳到符合你可投資資產的層級來閱讀）：

你要馬上種下種子，而且允許種子成長。你要收成之後再重新種植，直到有一天你可以用收成來過日子為止。

第一級：如果持有不到五萬美元的投資和資本，就投資配發股利的股票

以你的所得差來看，你可以從買進配發股利的股票開始。你要找符合前一章七個條件的個股，然後投資在其中一檔個股，直到累積了一百股為止。可以利用線上券商羅賓漢或是其他免費的券商，這樣你就不必支付任何交易費。你的錢百分之百要用於買股票。別忘了按照配置模型，並將十分之一的資金保留現金。把現金存在儲蓄帳戶、市場帳戶或其他類型的帳戶中。你甚至可以買債券型ETF，這是風險非常低的投資，這樣你就不必擔心股市的波動。

等你買了一百股後，你要做兩件事。第一，你要賣出這一百股的選擇權；不論你買進的價格是多少，你都要賣出**價外選擇權**。如果你買一百股寶鹼（PG）的股價，每股價格約在九十七到一〇一美元之間，你可以計算平均價格，就是你的總成本（你支付的錢）除以一百。如果平均價格是九十九美元，

你只要賣出履約價高於九十九美元的買權就好。

第二，你要找出另一檔完全符合七個條件的個股，然後重複剛才的步驟。繼續這麼做，直到你擁有接近五萬美元的總股票價值和現金。然後才升級到第二級——資產超過五萬美元，但不到十萬美元。

第二級：如果持有超過五萬美元、但不到十萬美元的投資和資金

第一步，投資配發股利的股票

你要先配置四萬五千美元購買配發股利的股票。你找出符合七個條件的股票，投資一百股，直到總共投資了四萬五千美元。記住，要用免手續費的券商，然後把十分之一的錢保留為現金。

把現金存在儲蓄帳戶、市場帳戶或其他類型的帳戶中。你甚至可以買債券型ETF，這是風險非常低的投資，這樣你就不必擔心股市的波動。

你要賣出這一百股的選擇權。不論你買進的價格是多少，你都要賣出**價外選擇權**。如果你買一百股寶鹼的股票，每股價格約在九十七和一〇一美元之間，你可以計算平均價格，就是你的總成本（你支付的錢）除以一百。如果平均價格是九十九美元，你只要賣出履約價高於九十九美元的買權就好了。

然後，你可以開始研究REIT和其他不動產投資機會，用於投資多的五萬美元（同樣的，別忘了十分之一的錢要保留為現金。）你要找到至少兩個不動產投資的機會，比較優劣，標的可以是出租用房產和REIT、兩筆REIT，或是一筆REIT和一筆私募專案。只要是不動產，標的是什麼都沒關係。你要習慣讓自己有所選擇，這樣以後你就可以找到好的投資，並且縮短學習曲線。一旦你找到機會，就可以開始第二步。

第二步，投資於一個機會

比較和對照各種投資機會，先選擇你感到最安全的投資。然後開始投資。

不動產投資是最有趣的一步。如果你投資於REIT，感覺就像買股票，但你會因此聽到新的術語和新的世界。在這個世界中，REIT必須支付你獲利。如果你投資個別不動產，你就會知道當房東是什麼感覺，而且很快就會對重要的事和對話術有新的見解。如果你選擇私募，則請小心專案經理說的話和做的事，他們對你有責任，你可以透過觀察和聆聽專業人士使用的指標和如何投資而學到很多事。無論如何，你要從做中學，所以這個步驟一定要盡可能多參與。當你和其他不動產投資人討論時，你會開始聽到一些以前沒注意到的事，你還學會新的辭彙。視你的投資類型而定，你會開始發展出只有相關經驗才會有的專業能力。

如果你有多餘資金可以投資，就重複步驟二，直到你累積到十萬美元的投資，然後提升到超過十萬不到十五萬的層級。

第三級：如果持有超過十萬、但不到十五萬美元的投資和資金（完成第二級的第一步和第二步，然後繼續下面的第三步）

第三步，受管理的資金

擁有超過十萬美元不到十五萬美元，不論金額多少錢，最好雇用一個基金經理人或是模仿受託管理投資組合。我會建議你找一個收取固定費用的受託人來管理你的基金，他們通常會收取管理資產一定比例的金額，並和你合作以判斷你的風險承受度和目標。我自己比較傾向找受託人，是因為他們有法律義務要將你的利益置於自己的利益之前。記得我前面說過的肉販巴布嗎？他是個好人、有能力的肉販，但他不是受託人。

我們這部分的投資目標是取得專業第三人的建議，繼續學習並擴展我們的思維。當然這也是為了賺錢，但是我們真正想要的是找人隨時為我們管理資金，我們才能學會他們所做的事。我的意思不是要你為了某些邪惡的理由去監視他們；正好相反，他們是為你工作，所以你應該盡可能從你們的關係中得到最多利益。他們是專業人士，你一定會從他們身上學到東西，未來你就可以利用所學，成為更好的投資人。

如果你沒有足夠的資金在你想要的基金經理人公司開戶，那就從另一間基金經理人的帳戶模仿他們的帳戶配置。這表示你花錢請認證理財規劃顧問（Certified Financial Planner，CFP）或是受託人來為你配置模型（大部分的受託人都會這麼做）。或是你可以找線上的受託人（有些可以用訂閱制），然後你遵照對方的指示，直到你有足夠的資金轉為全職管理為止。只要是公開、誠實、了解無限投資概念的受託人都可以。你要找的是願意一直教你的人，所以在你雇用對方前，請確認對方了解並接受這個角色。通常這些投資組合著重於ETF，所以照他們的比重來投資並不難。你已經知道，ETF也是受管理的基金，它的變化不大，因為內含的投資經過很多考量，所以交易都不會有太大的變化。

當你達到十五萬美元時，模型就很簡單：10%的現金、30%配發股利的股票、30%不動產和30%受管理資金。以每年至少一次的頻率重新評估你的投資組合，但最多一季一次，以確保你的投資配置正確。

你要找的是願意一直教你的人，所以在你雇用對方前，請確認對方了解並接受這個角色。

第四級：如果持有十五萬美元以上的投資和資金

不要看前面任何一級，因為你的投資是以總投資和資金的百分比為主。

第一步，投資配發股利的股票

先把30%可投資的資本，拿來買配發股利的股票。找出符合七個條件的個股，然後每一檔個股分批投資一百股。如果你的投資組合規模不小（資本超過十萬美元），這可能會花一點時間，因為你不要把所有的雞蛋都放在同一個籃子裡。我會建議你買至少五檔不同的股票，平均分配買進的金額，直到完全配置完畢。

用你買的股票來出售選擇權。不論你的股票平均價格是多少，都要出售**價外選擇權**。

第二步，投資不動產

配置30%可投資的資金來買不動產。根據你配置的金額，來研究REIT和其他不動產機會。你要找到至少兩個不動產投資的機會，比較優劣，可以是出租用房產和REIT、兩筆REIT，或是一筆REIT和一筆私募專案，只要是不動產就可以。你要習慣讓自己有得挑，這樣就可以縮短學習的時間，而且未來一看到好的機會才不會錯過。比較和對照各種機會，然後選擇你最喜歡的去投資。現在就開始投資吧！

如果你投資於REIT，感覺就像買股票，但你會因此聽到新的術語和新的世界。在這個世界中，REIT必須支付你獲利。如果你投資個別不動產，你就會知道當房東是什麼感覺，而且很快就會對重要的事和對話術有新的見解。如果你選擇私募，則請小心專案經理說的話和做的事，他們對你有責任，你可以透過觀察和聆聽專業人士使用的指標和如何投資而學到很多事。無論如何，你要從做中學，所以這個步驟一定要盡可能多參與。當你和其他不動產投資人討論時，你會開始聽到一些以前沒注意到的事，你還學會新的辭彙。視你的投資類型而定，你會開始發展出只有相關經驗才會有的專業能力。

如果你有多餘資金可以投資，就重複步驟二，直到你累積到十萬美元的投資，直到你已投資了超過總額的30%。慢慢來，並且分頭考慮每一筆交易。

第三步，受管理的資金

30％配置於受託管理的資金，你要雇用基金經理人。我會建議你找一個收取固定費用的受託人來管理你的基金，他們通常會收取管理資產一定比例的金額，並和你合作以判斷你的風險承受度和目標。我自己比較傾向找受託人，因為他們有法律義務要將你的利益置於自己的利益之前。記得前面說過的肉販巴布嗎？他是個好人、有能力的肉販，但不是受託人。

我們這部分的投資目標是取得專業第三人的建議，繼續學習並擴展我們的思維。當然這也是為了賺錢，但是我們真正想要的是找人隨時為我們管理資金，我們才能學會他們所做的事。我的意思不是要你為了某些邪惡的理由去監視他們；正好相反，他們是為你工作，所以你應該盡可能從你們的關係中得到最多利益。他們是專業人士，你一定會從他們身上學到東西，未來你就可以利用所學，成為更好的投資人。只要是公開、誠實、了解無限投資概念的受託人都可以。你要找的是願意一直教你的人，所以在你雇用對方前，請確認對方了解並接受這個角色。

別忘了要保留10％的現金或約當現金。當投資機會來臨時，我們一定要有閒置資金，也要有緊急資金。沒有什麼比在市場下跌時必須變賣投資組合更糟的事，所以這筆現金是確保我們財務健全的必要資金。

遵守這個規則：10％的現金、30％配發股利的股票、30％不動產和30％受管理資金。以每年至少一次的頻率重新評估你的投資組合，但最多一季一次即可。長期下來，你會發現這個模型比任何其他方式都還要好，而且更容易遵守。

最後的幾個想法

現在你應該很清楚無限投資是什麼了。這不是讓你一夕致富的方法，它是經過時間驗證的策略，讓你慢慢、有方法的致富。我知道這個策略有效，因為我看過成千上萬的投資人的退稅資料，我看過明確的證據，知道誰賺錢、誰虧錢。國稅局每年的年報也會公布一大堆資料，那是一個資訊的藏寶庫。

最後是聯準會的經濟數據（FRED），也能給我們足夠的歷史資料，以得知數十年來不同資產類別的哪些投資表現如何，這有助於引導我們決策。有了這些資訊，無限投資人就可以踏上建構現金流機器的道路，而且經得起時間的考驗。

每個無限投資人都需要控制自己，不要擔心錯失短期賭注的機會，這種機會在股市和「熱門的」不動產市場每天都在上演。無限投資人不會把未來押注在特斯拉或亞馬遜上，他們可能會錯過更大的短期獲利，但是同時他們也躲過了像奈普斯特（Napster）和資訊空間（Infospace）的災難——這是二〇〇〇年科技股泡沫破滅的其中兩間公司。相信我，以後還會有更多這樣的股票，因為許多公司的股價都超過合理估值，而且股價的根據都只是話題炒作和未來潛力。

這不是說你不應該也不可以買投機股，或是投資潛力很好的新興公司。這類投資應該被視為「賭博性的資金」。換句話說，是你輸得起的錢。不要把你應繳的房租拿來賭馬，同樣的，老奶奶也不該拿生活費來買投機性的股票，不論看起來有多「安全」。相反的，無限投資人要打造的是驚人的現金流機器，這部機器在重大的經濟波動中仍不為所動，還是會持續提供現金。

雖然無限投資人的心態應該是無限期買進資產，也就是持有的期間是永遠，但投資人應該要知道，當資產的收入減少，就是賣出的時候了。你可以這樣想：如果你有一台製冰機，但它不再製造冰塊了，就換一台新的；如果你有一個現金流資產不再創造現金流，就換掉它。如果它不會創造資金，那它就不是資產，所以應該賣掉或是換成別的會創造資金的東西。

無限投資人可以有一點懶惰。舉例來說，雖然我們想要賣出股票的選擇權，但一個月只需要花三十分鐘來處理就好了；雖然我們喜歡不動產的現金流，但我們也只需花幾分鐘，就可以決定任何一棟房產的報酬率。當個無限投資人並不需要花很多時間。雖然話這麼說，證據顯示，若要發展一個技能（稱為學習曲線），需要大約二十小時才能學得好。如果你想成為專家，可能需要一萬個小時的練習，但那是因為學習曲線看起來像下圖。

新入門的無限投資人比自己所想的還要更接近「非常好」的程度。只要熟讀本書，開始你的理財計畫，我們的網站有充足的資源和機會：InfinityInvestingWorkshop.com。歡迎加入無限投資的世界。

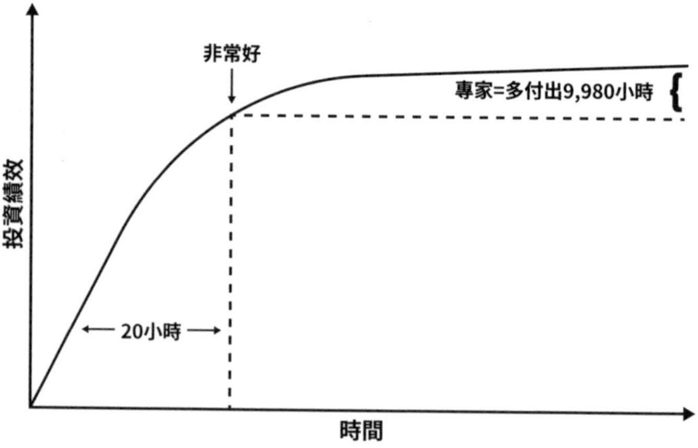

致謝

本書是集合經驗所寫成的。不只是我個人的經驗，還有我教過的數萬名投資人的經驗，還有我幫許多成功的投資人檢視的退稅與財務資料，以及其他教學同行的經驗。本書許多策略都是和投資成效驚人的投資人一起設計的。

舉例來說，在我寫股市包租公那一段時，我非常仰賴一位投資人朋友Markay Latimer，我在一九九九年認識她，當時她開了一個二千美元的交易帳戶，然後一直累積到超過二百萬美元。若不是她的意見和協助，我絕對不可能寫出對許多人來說很棒的資訊。還有Jerry Guite，我的一生因為他而認識了很多事業有成的創業者和投資人，他也鼓勵我走自己的路。其他還有很多人，重點是，本書不是一人之見。這是由許多人的經驗所鋪設而成的道路，我只是指引這條道路讓你跟上他們的腳步，獲得類似的成果。

注釋

第1章

1. Anne Tergesen and Gretchen Morgenson, “Unions’ Tactic Hurts Teachers’ Nest Egg,” The Wall Street Journal, December 19, 2019.
2. United States Government Accountability Office, “Retirement Security: Most Households Approaching Retirement Have Low Sav-ings,” GAO 15-419 (May 2015).
3. Kenneth Kim, “How Much Do Mutual Funds Really Cost?” Forbes, September 24, 2016, https://www.forbes.com/ sites/kennethkim/2016/09/24/how-much-do-mutual-funds-really-cost/#1899a724a527.
4. Personal Capital, “Hidden Beneath the Surface: What Americans Are Paying in Advisory Fees,” undated, accessed December 6, 2019, https://www.

personalcapital.com/assets/public/Personal-Capital-Advisor-Fee-Report.pdf/

第四章

1. Board of Governors of the Federal Reserve, "Consumer Credit—G.19," August 7, 2020, https://www. federalre-serve.gov/releases/g19/HIST/cc_hist_tc_levels.html.
2. Yuka Hayashi, "Credit-Card Debt in the U.S. Rises to Record $930 Billion," The Wall Street Journal, February 12, 2020.
3. IRS, "SOI Tax Stats-IRS Data Book," June 30, 2020, https://www.irs.gov/statistics/soi-tax-stats-irs-data-book.

第六章

1. U.S. Bureau of Labor Statistics, "Consumer Price Index for All Urban Consumers: Owners' Equivalent Rent of Residences in U.S. City Average,"

August 12, 2020, https://fred.stlouisfed.org/series/CUSR000 0SEHC.

2. Alina Comoreanu, "Credit Card Landscape Report," WalletHub. August 13, 2020, https://wallethub.com/edu/cc/ cred-it-card-landscape-report/24927/

第七章

1. Roge Karma, "The Gross Inequality of Death in America," _e New Republic, May 10, 2019, https://newrepublic. com/article/153870/inequality-death-america-life-expectancy-gap.

無限投資學 / 托比 . 馬帝斯 (Toby Mathis) 著 ;
呂佩憶譯 . -- 初版 . -- 臺北市 : 遠流出版事業股份
有限公司 , 2022.04
面 ; 公分
譯 自 : Infinity investing : how the rich get
richer and how you can do the same.
ISBN 978-957-32-9489-4(平裝)

1.CST: 個人理財 2.CST: 投資

563 111002852

國家圖書館出版品預行編目（CIP）資料

無限投資學
Infinity Investing

作　　者　托比・馬帝斯（Toby Mathis）
譯　　者　呂佩憶
總監暨總編輯　林馨琴
責 任 編 輯　楊伊琳
行 銷 企 畫　陳盈潔
封 面 設 計　陳文德
內 頁 設 計　賴維明
—
發 行 人　王榮文
出 版 發 行　遠流出版事業股份有限公司
地　　址　臺北市中山區中山北路一段 11 號 13 樓
客 服 電 話　02-2571-0297
傳　　真　02-2571-0197
郵　　撥　0189456-1
著作權顧問　蕭雄淋 律師
—
2022 年 4 月 1 日　初版一刷
新台幣定價 390 元（缺頁或破損的書，請寄回更換）

—

ISBN　978-957-32-9489-4
—
遠流博識網　http://www.ylib.com
E-mail　ylib@ylib.com